マネージング・イン・ザ・グレー
ビジネスの難問を解く5つの質問

ジョセフ・L・バダラッコ［著］　山形浩生［訳］

MANAGING IN THE GRAY
5 TIMELESS QUESTIONS FOR RESOLVING YOUR TOUGHEST PROBLEMS AT WORK

丸善出版

Translation from the English language edition:

MANAGING IN THE GRAY:
Five Timeless Questions for Resolving
Your Toughest Problems at Work

by

Joseph L. Badaracco

Published by arrangement with ICM Partners
through Tuttle-Mori Agency, Inc.

PRINTED IN JAPAN

ハーバードビジネススクールの
リーダーシップと
企業アカウンタビリティ講義において、
多くを学ばせてくれた、
過去、現在の同僚たちに捧ぐ

目次

第1章 判断のツール 1

第2章 純・純影響は何だろうか？ 15

第5章　我々は何者だろうか？　113

第6章　自分で納得できるのは何か？　143

第1章 判断のツール

マネージャーが仕事で直面するいちばん難しい問題は、白黒はっきりしないグレーな領域だ。その理由は、根本的にいえば、それが人生で直面するいちばん難しい問題だからだ。きわめて不確実でしかも影響の大きな問題に対処するとき、人は自分の技能のみならず、人間性も試されることになる。

本書は、グレー領域問題を解決するための、強力で実務的な手法を提供する。本書は変わった、過激とすらいえるガイダンスに基づいている。このガイダンスは、成功した有名なCEOたちからくるものではない。株主の利益を重視とか、あらゆるステークホルダーの利益に奉仕とかいった、ありがちな知恵を元にはしていない。また現代の組織でますます長くなるミッションステートメントに登場するものでもない。難しく、複雑で、不確実な実務問題に取り組むための最もしっかりしたガイダンスは、この種の問題に直面したとき、あらゆる時代と文化で人々が考えた五つの質問にあると私は信じている。グレー領域は人々の最高の判断を要求するし、この五つの質問は本質的に、判断のためのきわめて価値の高いツールとなる。

本書は、なぜこうした質問がグレー領域問題の解決にこれほど有用なのかを説明する。また、その質問に答えるための広範な実用的ガイドも提供し、そのガイドをグレー領域問題に関する幅広いケーススタディで裏付ける。だが、その五つの質問に目を向ける前に、グレー領域問題とは何であって、それがなぜこんなに重要で難しいのかについて理解しておくのが大事だ。

グレー領域の課題

仕事と生活で抱える責任が増えれば、グレー領域問題に直面する機会も増えるし、そうした問題は形も規模もさまざまだ。たとえば、大きく複雑で、たまにしか起こらないものもある。本書の後のほうで、大いに求められている新薬が、きわめて珍しいが致死性の脳疾患の原因かもしれないと知ったバイオ技術の小企業ＣＥＯが直面する状況について詳細に検討する。彼はどうすべきか決めなくてはならない——重要な事実もわからず、問題のはっきりした定義もないのに。

これに対し、他のグレー領域問題は小規模だが、だからといって簡単だとか重要でないとかいうことにはならない。後の章で、中規模企業の上級管理職が直面した状況を見る。彼女は、アシスタントを他の三人の管理職と共有していた。そのアシスタントは三〇年もこの会社で働いており、きわめて優秀だったが、過去数ヶ月にわたりひどく仕事に粗が出始めた。だれもその理由を知らない。彼女を使っている他の二人の管理職はクビにしたがったが、この管理職は標準的な人事部アプローチ――アシスタントに二週間後にクビだと申し渡し、ちょっとした退職手当を用意――は彼女に回復不能のダメージを与えかねないと真剣に懸念していた。でもいくら懸念しても、この管理職としてアシスタントをどうすべきかは何もわからないし、貯まる仕事も片付かないし、他の管理職との意見相違も解決されない。

あらゆるグレー領域に共通しているのは、それが大きかろうと小さかろうと、私たちがそれをどう体験するかという点だ。グレー問題に直面すると、通常はその問題や状況を理解しようとして、すでにかなり頑張って働いていることが多い――自分でも動くし、他の人と協力して取り組んでいることも多い。まともに手に入るあらゆるデータ、情報、専門家の助言は集めた。すべてを慎重に分析もした。それでも、重要な事実はまだ欠けているし、信頼できる知人たちも、どうすればよいかで意見がわかれる。そして自分自身の心の中でも、実際に何が起きていて、次にどうするのが正しいかについて、あれこれ逡巡するばかりだ。こうした状況は危険な罠になりかねない――恐ろしきサーベルタイガーを飲み込んだ、原始時代のタールの沼の組織版だ。何がどうなっているか知ろうとする中で、囚われすぎてしまいかねない。いやもっとひどいことに、複雑さや不確実性の中で迷子になり、身動きがとれなくなってしまいかねない。その一方で、あまり拙速に動けば、まちがいをしでかして、ひどい結果を招きかねない。他の人が傷つき、業績が低迷し、キャリアも頭打ちだ。

グレー領域は、分析技法が魅惑的な力を持つようになった現在だからこそ、なおさらリスクが大きくなっている。経営者や企業が直面する難しい問題の多くは、大量の情報を分析する高度な手法を必要とする。正しい情報さえ得て、正しい分析手法さえ使えば、正しい決断ができるのだと考えたくもなる。また、難しい決断から逃げ、数字がすべてを告げており、どう考えるべきか、何をすべきかについて、選択の余地などないのだとみんなに告げることで、自分の権力行使を隠したい誘惑も強い。でも真剣な問題は通常はグレーだ。ツールや技法は、それ自体では答を与えてくれない。自分の判断力を行使して難しい選択をしなくてはならない。

こうした選択はしばしば、感情的にも心理的にも深刻なリスクを伴う。本当に難しい選択に直面すると、選択、コミット、行動、その結果を引き受けるという個人的な責任を逃れる方法はない。あるMBAの学生は、この課題を端的に表す次のような発言をした。「自分はまともな人間だと主張するビジネスマンにはなりたくない。ビジネスマンだと主張するまともな人間になりたいんだ」。

その一方で、こうした課題に直面してグレー領域問題をうまく解決したら、自分の組織や他の人々、キャリア、そして自分自身について抱く感情に対して、本当に重要な貢献をすることになる。難しく、ややこしく、影響の大きな問題は組織内でどんどん上に責任転嫁されて、経営者の机にやってくる。さっきの高齢アシスタントについての問題に戻ろう。自分ならどうするか考えてほしい。アシスタントの仕事ぶりは、もう何ヶ月も悪化する一方だ。理由はわからないし、当人すらわかっていないかもしれない。法律、規制、企業方針は、あなたにできることのパラメータは設定してくれるが、それでもとてもつらい問題に直面するのはあなただ。

組織内で別の仕事を見つけてあげようか、それともクビにしようか？　どんな退職手当や支援を与えられるだろうか？　生活手段を奪おうとしているというのに、彼女を尊敬と同情をもって扱えるだろうか？　いずれもつらい経営上の問題で、何らかの形でこれらに答えざるを得ない。そしてこうした決断の背景には、社会があなたに委任した、重要な社会的決断がある。この従業員の年齢と業績悪化を考えれば、彼女の労働人生はこれで終わりだという決断をあなたが下すことになるのかもしれない。つまり、こういったグレー領域問題の解決をうまくやると、あなたは本当に重要な役割を果たしたことになる――組織のためだけではなく、他の人々や、暮らしている社会のためにも。

同時に、グレー領域問題にうまく取り組めば、マネージャーとしての技能を検証し、発展させていることになる。組織の中で、もっと責任を任せられるかどうかの基本的な試験は、決まり切った状況をどれだけうまく管理できるか、という話ではない。本当に難しい、不確実で重要な課題をどれだけうまく扱えるか、ということだ。それは、グレー領域問題こそがマネージャーの仕事の中核だからだ。こうした課題に直面するにつれ、経験を積んで自信を高められる。そしてだれが昇進するかを決める、組織内で流通するあなたの非公式で不文律の経歴書も充実してくる。よい上司は、難しいグレー領域問題をうまく解決する人々に気がつくし、それに報いる。そして、そうした課題に対応するあなたも、よい上司になりつつある――同僚たちにとってもロールモデルとなることで。

グレー領域は基本的に、古典的なゴルディアスの結び目の組織版だ。つまり、それは重要で、複雑で、不確実な検討事項が高密に絡み合ったものなのだ。だからマネージャーとしての最も難しい仕事になりかねないし、きわめて深刻な重荷にも感じられる。同時に、ゴルディアスの結び目のように、自分自身や他人に対して自分の能力を示すための、やりがいのある課題にもなる。神話によれば、アレクサンダー大王はゴルディアスの結び目にあまりに頭にきて、剣を抜くとそれを切断したという。だがマネージャーとしてのあなたには、この選択肢はない。ならば、直面するグレー領域問題に対処するいちばんよい方法とは何だろうか？

五つの質問

その答をいちばん短い形で述べるなら、一文ですむ。職場でグレー領域問題に直面したら、マネージャーとしてそれに取り組み、一人の人間として解決しなさい、ということだ。

グレー領域問題にマネージャーとして取り組むというのは、上司のようにふるまうとか官僚的にふるまうとかいうことではない。そして、組織図にそれを専門に担当する役職を用意するということでもない。マネジメントとは、基本的には組織の内外で物事をやりぬくための、きわめて有効な方法のことだ。マネジメントの核心とは、何かを達成するために、他の人々とともに、他の人々を使って活動するということだ。マネージャーとしてグレー領域にアプローチするというのは、他の人々と協力して問題についての正しい情報を得て、データを思慮深く厳密に分析し、問題への現実的な解決策を探す、ということだ。

だがグレー領域の場合、この第一歩では不十分だ。情報、分析、議論では問題は解決しない。結局どうすればよいかはわからない。そうなったとき、次の一歩を踏み出さねばならない。人間として問題を解決しなければならない。これは、単なるアナリストやマネージャーやリーダーとして問題に取り組むというだけでなく、人として取り組むということだ。自分の判断に基づいて決断するということだ――つまり、自分の知性、感情、想像力、人生経験、そしてもっと深いレベルで、仕事と人生において本当に重要なのは何かという、あなた自身の感覚を活用するということだ。

この一歩は簡単そうに聞こえるかもしれないが、そんなことはない。難しい決断を迫られたときには、自分の道徳指針に従えとか、ロールモデルを真似よとか、組織のミッションステートメントの指示に従えとか、新聞で報道されても慌てずにいられる決断は何かという「新聞テスト」に合格することをしろとか、とにかく正しいことをやれ、とかいう話をよく聞かされる。でもグレー領域問題には、お手軽な解決策はない。そんなものがあれば、カードに書いてビニールコーティングして財布に入れておくだろう。

アルゴリズムは、人生と仕事の難しい人間問題を解決してくれない。こうした問題に直面するマネージャーたちは、情報、データ、経験、厳密な分析からできる限りのことを学ばねばならない。そして、自分が本当にどうすべきなのか、深く考えねばならない――それも人間として。人間としてグレー領域問題の解決を行うというのは、自分自身に正しい質問を投げかけて、自分なりの答を形成するために頑張るということだ。こうした質問は、熟慮と判断において不可欠なツールとなる。それは五つあり、本書ではそれを詳しく説明する。

なぜこうした質問が役に立ち、なぜそんなに重要なのだろうか？　根本的には、それは思慮深い男女が何世紀にもわたり、多くの文化において、難しく、複雑で不確実な実務問題と格闘したときに頼ってきた質問だからだ。こうした質問は、人間性や、人々が共に生きる人生、そして何がよい生活なのかについての、深遠な洞察を反映している。これを十分に理解して、併せて活用すれば、こうした質問はグレー領域問題について決断を下すべきときの判断を導く有益なツールとなる。

本当に難しい問題の核心に切り込む問題が本当にこんな少数なのだろうか、と不思議に思うかもしれない。なぜそうなのだろうか？　これに対する決定的な答はない。でもこれからの章で見るように、議論は分かれるものの、考えられる説明はある。それは二つの点を述べている。一つは、我々人間がダーウィン的進化か神の創造により共通の人間性を持つというものだ。もう一つは、あらゆる人間コミュニティは責任、権力、共有価値、意思決定について同じ基本的な問題に直面してきたということだ。この五つの質問を述べる、唯一無二の正しい方法はない。私は過去二〇年にわたり、リーダーシップと責任の難問に直面したとき、マネージャーたちが使える便利で実用的なツールを開発しようとしてきた。本書の五つの質問のバージョンは、研究や読書だけでなく、無数のエグゼクティブ講義やMBA講義、研究インタビュー、個別マネージャーとのカウンセリングで改良され、試験されてきたものだ。偉大なアメリカのプラグマティズム哲学者ウィリアム・ジェイムズの精神に則り、私は普遍的な真実よりも、有益な日常ツールを開発しようとした。そして本書を通じて、実務性偏重の傾向がある。

五つの質問とは：

＊純・純影響は何だろうか？

＊自分の中核的な責務とは何だろうか？

＊ありのままの世界では何がうまくいくだろうか？
＊我々は何者だろうか？
＊自分で納得できるのは何か？

こんな五つの質問が、なぜそんなに驚くほど役に立つのだろうかと疑問に思うのも当然だ。その理由は、その五つの質問が厳しい試験に合格してきたからだ。それは、本当の難問を解決する正しい方法を探しているときに、最も影響力のある人々や心優しき人々の多くが取り組んできた、難問について考える方法はどんなものだったのかを尋ねる。これから見るように、さまざまな形で述べられたこの五つの質問は、アリストテレスからニーチェまで多くの哲学者が取り組んできたものだ。孔子やキリストなど宗教指導者も取り組んだ。そしてマキャベリやジェファソンのような政治思想家も。そして詩人やアーティストさえ取り組んでいる。

はっきりさせておくと、この試験は歴史上の偉大な思想家たちがみんな受け入れる何やら大きな合意が登場したかどうか尋ねるものではない。そんな主張は荒唐無稽だ。重要な問題は、こうした強力で、鋭敏で、共感的な精神が、よい決断やよい人生をつくるものは何か理解しようとしたときに、一貫して取り組んできたアプローチがあるのか、ということだ。もしある種の考え方が、この歴史や文化の試験に合格してきたなら、それは十分に我々の時間と関心に値する。

この五つの質問はつまり、世界の本当の仕組み、何が我々を真に人間にするか、そして難しい重要な決断を下す最もしっかりしたやり方についての、長い会話における重要な声なのだ。この長い会話において、どれか一つの声が普遍的な真実を与えてくれるわけではない。でもそれぞれが不確実で影響の大きい決断を下すための価値ある洞察を与えてくれる。だからこそ、こうした質問はグレー領域問題に直面したときの判断を試し、広げ、磨くための実に強力なツールとなるのだ。

それはどういうツールなのだろうか？　哲学者、弁護士、神学者、政治理論家たちは、こうした質問のそれぞれを先鋭化し、鋭い刃をつけて、こうした知的メスを見事に扱える。だがマネージャーたちはもっとちがったものが必要だ。彼らに必要なのは、しっかりした頑丈な日常ツールだ――工具箱や台所の引き出しに入っているようなものだ。こうした工具との比較は、いい加減な例えに思えるかもしれないが、実はこれはハーバードビジネススクールにおける長い知的伝統を反映したものだ。同校は一世紀以上にわたって、マネージャーにとっての重要で有益なアイデアを開発しようとしてきた。同校の知的パイオニアの一人フリッツ・ヘンダーソン教授は、マネージャーにとって最も便利な理論は「哲学理論ではなく、想像力の壮大な活動でもなく、準宗教的なドグマでもなく、慎ましい日常的な行い、いやもっとよい表現をするなら、道すがら助けてくれる便利な杖なのだ」[*1]。

本書の残りの部分は、この五つの問題の、地に足の着いた実用性を示す。それぞれの章は、一つの質問に注目して、なぜそれがグレー領域問題の人間的次元のすべてを本当に理解するのになぜこれほど重要なのか説明するところから始める。そしてそれぞれの章の残りの部分は、グレー領域問題に直面したときにそれぞれの質問を使うための、実用的なガイドラインを説明する――これまた我々共通の人間性における、昔からの広く共有された見方に根ざしたものだ。

つかいものになる哲学

この五つの質問は、それぞれ独立して使っても判断のための有意義なツールになるが、五つまとめて使うと、それははるかに大きなものとなる。それは重要なマネジメントの哲学を与えてくれる――マネージャーが本当は何をして、なぜそれが重要なのかについて理解する方法を与えてくれるのだ。この哲学は、抽象概念や拘束的な原理や、万能テンプレートなどで構成されるものではない。それは性向、態度、心の習慣、行動のガイドだ。

この哲学は、マネジメント作業の中核は難しい問題を実務的な形で解決することなのだと述べる。そして、もし今日成功するマネージャーになりたければ、各種の複雑性に取り組み、広範な情報からしっかりした結論を弾き出し、高度な分析ツールを使えなくてはならないと述べる。だが、グレー領域の課題こそがマネジメント作業の中核だから、こうした分析技能だけでは不十分だ。作業に対する人文主義的な視点が必要なのだ。

「人文主義」という用語は、伝統的な大学の講座一覧に出てきそうな用語に思えるが、その背後にある考え方は、仕事や人生で難しい決断を下すのに直接関係している。人文主義は長い伝統を持つ。そのルーツは古代著述家にさかのぼり、ルネサンス期に知的にも政治的にも強い力となった。[訳注1]

人文主義者は基本的な質問をして、人生で本当に重要なもの、人々を動機づけるもの、世界が本当にどう動くのかについての根本的なものを突き止めようとした。こうした根本的なものは、マネージャーとしてグレー領域問題を検討し終え、人間としてそれを解決しなくてはならないときに、中心的なものとなる。

このマネジメントの人文主義哲学は、難しい問題の解決という複雑でごちゃごちゃした課題を、最終的で決定的な分析の枠組みに無理矢理押し込もうとはしない。問題をいろいろな視点から検討すべきだと述べる。自分の考え方、気持ち、直感、経験、希望、怖れを反映した自分の判断に頼らねばならないという。そしてそれは、最終的にはグレー領域問題への正しい答えというのは、あなたが正しいと決めたものなのだと述べる――だがその決断は、その問題の分

訳注1　本書で使われる人文主義の歴史的哲学的概観は補遺Aにある。

析的な側面と人間的な側面すべてを検討した後でのみ行えるものだ。こうした考え方は、わずかな言葉やフレーズに煎じ詰めるのが難しいものだが、それは身の回り到るところにあるグレー領域を切り抜ける道を見つける、成功した責任ある男女の暗黙の世界観だと私は信じている。

第2章

純・純影響は何だろうか？

アメリカ海兵隊が若き将校を訓練するとき、「無線がおまえの武器だ」と指導する。言い換えると、自分一人でライフルや拳銃や銃剣などを使って戦うのではないということだ。無線が武器だというのは、将校として彼らは他の兵を率いることで戦うからだ。[*1] これはマネージャーたるあなたの場合も同じだ。あなたの組織は――チームだろうと事業部だろうと組織全体だろうと――あなたの行う意思決定のインパクトを増幅する。だからこそ、最初の質問はあなたに、グレー領域問題に直面したとき、自分が行うことの純・純影響についてしっかり考えるよう求める。そんなの常識に思えるかもしれない。自分の決断の影響を考えるなんて当然のことじゃないか。だれだってそうすべきだ。でもこの反応は、経験豊かで成功したマネージャーにとってすら、大きく道を誤るものになりかねない。これを見るには、一九九六年に始まった印象的な一連の出来事を考えてほしい。あるアメリカのビジネス重役が、国民的英雄と見なされるようになったのだ。

その重役は、アーロン・フォイアースタインという人物だ。彼の会社は繊維製品の製造販売を行う、マルデンミルズ社という名の会社で、最も有名な製品はポーラーテック繊維だった。一九九六年一二月、フォイアースタイン一家が彼の七〇歳の誕生日を祝っているとき、緊急の電話がかかってきた。マルデンミルズ社の主工場が火事になったのだ。フォイアースタインは車に飛び乗って、ボストンから北へ、会社に向かって車を走らせた。工場から数キロ離れたところからすでに炎が見えた。フォイアースタインが到着すると、工場は第二次世界大戦でのドレスデン焼夷弾爆撃を思わせる地獄絵図だった。[*2]

火事のおかげでフォイアースタインは深遠なグレー領域の決断に直面した。保険でいくらもらえるかわからなかった。再建の間にどのくらいの取引を競合他社に奪われるかもわからなかった。ニューイングランド地方に繊維工場を再建したところでマルデンミルズ社が生き残れるかさえわからなかった。この産業のほとんどの企業は、すでにアジアの低賃金諸国に引っ越していたのだ。フォイアースタインは、会社を次のフェーズに率いるべき適切な人物が自分かどうかさえわからなかった。

こうした不確実性すべてにもかかわらず、フォイアースタインは即座に、工場すべてを再建すると個人的に約束した。新工場は最新技術を使い、同じ労働者を雇う。その費用は最終的に4億ドル以上となる。保険で3億ドルはカバーできて、残りは銀行融資だ。フォイアースタインはまた、再建途中に仕事がまったくなくても、労働者の賃金を払い続けると発表した。こうした決断のおかげで、フォイアースタインは全国的に名声を得た。

多くのアメリカの雇用が外国移転しているとき、フォイアースタインはアメリカの労働者と、その多くが暮らす苦闘するコミュニティに対して強いコミットメントを行った。彼は広範なメディアの注目を集め、一ダースもの名誉学位をもらい、一九九七年のクリントン大統領一般教書演説のゲストにもなった。ところがほんの数年後、マルデンミルズ社は倒産宣言を行った。新しい所有者と経営陣が事業を引き継いだが、二度と回復はできなかった。

ここには悲しい、ほとんど悲劇的な皮肉がある。もしアーロン・フォイアースタインに会えば、たぶんほとんどの人と同じように、鷹揚で暖かく正直な人間だという印象を受けただろう。その富と年齢にもかかわらず、慎ましい暮らしを送り、一生懸命働いた。あるジャーナリストがフォイアースタインに、もっとお金が欲しいですかと尋ねたら、彼はこう答えた。「お金があっても何をすればいいんだね、もっと喰えとでも？」[*3]。火事の後で、フォイアースタインは本当に自分の労働者やそのコミュニティや会社にとって最善のことをしたいと思った。言い換えると、再建の決断があらゆる正しい結果をもたらすと考えたわけだ。ところがそれは、マルデンミルズ社を倒産させることになった。フォイアースタインの人格、献身、愛他主義は無駄に終わった。そして理由は、今にして思えば、最初の偉大な人文主義の質問を活用し損ねたということのようだ。

純・純影響は何だろうか？　という質問は、自分の選択のあらゆる、すべてを含めた影響について、広く深く考えるよう求める。ではこの質問は、アーロン・フォイアースタインに何を考えるよう求めていたのだろうか？　なぜこれがそんなに重要な質問なのだろうか？　そしてあなたがグレー領域問題に直面したとき、どうやってこの質問を判断ツールとして使えるだろうか？

広く深く考える

なぜ最初の質問が重要かを理解し、それが何を本当に尋ねているかを把握するために、二人の重要な哲学者兼社会改革者に少し目を向けよう。特に、その一人の思想を形成した、衝撃的な人生体験に注目しよう。最初の哲学者は一七四八年から一八三二年までイギリスに暮らしたジェレミー・ベンサムだ。この名前にピンとこなくても、たぶんその中心的な思想はご存じのはずだ。ベンサムは、本当に難しい重要な問題を検討する正しい方法は、できるだけ広く見渡して、何が「最大多数の最大幸福」をもたらすか考えることだ、と信じていた。言い換えると、重要な決断を下す前に、自分が影響を与える万人にとっての影響を——幸福の観点から——見ようということだ。

でも幸福とは何だろう？　ベンサムにとって、答は簡単だった。幸福とは快楽だ。つまり責任ある人物としてよい決断を下すには、何が最大の快楽をもたらし、最小の苦痛をもたらすかについて、徹底した客観的な思考を行えばよい。そのための公式はないから、自分なりの判断は必要だ。でも基本的な目標ははっきりしている。広く考えねばならない。これはつまり、法的、経済的な影響を見て、さらにその向こうも見るということだ。重要なのは、あなたの判断に影響を受けるあらゆる人にとっての影響だ——そして、あらゆる人というのは、本当にあらゆる人のことなのだ。

今日の我々はみんなジェレミー・ベンサムの弟子だ。みんなしばしば問題について——日常的な問題もあれば、政府方針についての巨大な問題もある——費用便益または費用とリスクという考え方をする。これはあらゆる選択肢を見て、その考えられる影響を評価し、万人にとっていちばんよい選択肢を見つけようとする、ということだ。このアプローチは全体として、決断を下すための便利で責任ある方法だ。でもベンサムの思考には重大な欠陥がある。広く考えろとは言うが、深く考えろとは言わないのだ。

一八〇〇年代の英語圏で最も重要な哲学者とも言われるジョン・スチュアート・ミルが、この欠陥の重要性を発見したのは、椅子にすわって考えたからではなく、彼の人生が痛々しい形で脱線させられたからだった。ミルは支配的できわめて知的な父親の聡明な息子だった。父親は厳しい教育プログラムを課した。若きミルは他の子供から遠ざけられ、三歳からギリシャ語を学び始め、八歳からラテン語、一二歳でアリストテレスの論理学を学ばされた。ミルの過激な教育は、二〇歳まで続き、そしてそのときに彼は、すさまじい感情的な崩壊を体験したのだった。今日なら、ミルの崩壊は重度のうつ病と診断されるだろう。うつ病を体験した人ならだれでも、自分の悲惨を表現するのにミルが「失意」という詩から次の節を選んだ理由は理解できるはずだ。

苦しみなき悲しみ、空虚で暗く陰惨
のしかかり、こもり、何の情熱もなき悲しみ
自然なはけ口も解決もない悲しみ
即ちため息も涙もなき悲しみ[*4]

後にミルは、自分の崩壊をその熾烈で偏狭できわめて知的な育ちのせいだとしている。この体験に対するミルの反応は驚異的だった。その厳しい教育とひどい崩壊を体験したら、多くの人はそれでもう潰れてしまっただろうが、ミルは果敢に進み、自分の人生を立て直した。オックスフォードかケンブリッジに進学させようという父親の計画を拒絶した。読書範囲を劇的に広げて、ロマン主義の詩に入れ込み、最終的に数十年にわたって、イギリス東インド会社の事務員を「本業」とした。ミルはまた、各種の広範な問題について本や論説を書き、イギリスで最も重要な一九世紀の哲学者にして知識人となった。

なぜミルの生涯の旅が我々にとって重要なのだろうか？　要するにそれは、彼が広く考えろというベンサムの要求は受け入れたが、ベンサムの幸福への専念は拒絶したということだ。ミルの痛々しい体験は、もしよい決断を下してよい人生を送りたければ、広く考えると同時に深く考えることが必要だと教えてくれたのだ。よい決断を下すには、影響を受ける万人について考えるべきだという点で、ミルはベンサムに同意する。なるべく客観的になり、自分の利己性は脇へ置いておこう。そして、自分の選択の影響については、できる限り慎重かつ分析的に、そして具体的に考えるべきだ。

でもミルは、重要な人文主義的な洞察を加えた。単純化しすぎないように気をつけよう。還元主義に陥らないようにしよう。人生は豊かなカンバスであり、マンガではない。人間の体験には快楽と苦痛よりはるかに多くのものがあるのだ。決断の完全な影響を考えるというのは、深く考えるということだ――人間としての我々に重要なもののすべての面での影響を考えようとするのだ。希望、喜び、安全、危険からの自由、健康、友情、愛、リスク、苦しみ、夢。

深く考えるというのは、簡単ではない。時間と想像力、共感と同情が必要だ。でもそれはきわめて現実的で重要だ。ミルにとって、それは実は最高の生き方であり、また決断を下す正しい方法だった。ミルの言葉では、「満足した豚であるより、不満な人間であるほうがよい。満足した愚者であるより、不満なソクラテスであるほうがよい」[*5]。

実用的な言い方をすれば、ミルはこう言っている。つらい決断をするなら、ベンサムのまちがいはするな。単純化しすぎてはいけない。数えられるものや値段をつけられるものだけに注目しないこと。

もちろん、慎重かつ分析的に考えるべきだ。もしあなたがマネージャーなら、できるだけよいデータを手に入れ、関係する技法や枠組みを適用し、適切な専門家に相談し、会議や非公式の場で、問題について徹底的に検討しよう。でも最終的にどうすべきか決めねばならないときには、具体的に、想像力豊かに、鮮明に、共感的に選択の各種の影響を考えるようにしよう。そして考えるときには、仲間の人間たちが必要とし、ほしがり、怖れ、本当に気にかけるものすべてを考えるようにしよう。要するに、最初の偉大な人文主義的質問が求めているのはそういうことだ。

ミルの思想をどの程度重視すべきだろうか？　しっかりした考え方ではあるようだ——少なくとも一見したところでは。でもミルは異様な子供時代を送り、成人初期もかなりトラウマに満ちていた。彼は生命維持装置のようにこうした思想にしがみついたかもしれないが、だからといって他の我々みんなもそれに従うべきなのか？　この質問への答はイエスだ。その理由を理解するには、これがミルの思想だという考え方を脇へ押しやる必要がある。

ミルは基本的に、多くの偉大な哲学者たちがやったことをやった。一群の強力な思想を蒸留して、はっきりした単純な言語でそれを表現したのだ。その思想は、多くの重要な哲学者、宗教人、政治指導者の思考、思索、洞察の中を、輝く糸のように貫いている。別の言い方をすると、ミルが捕らえた思想や洞察は、何世紀にもわたり、個人の生活や社会をまたがって、それに示唆を与えて形成する力となっていたのだ。

たとえば中国では、およそ紀元前四〇〇年頃、墨子——重要な東洋哲学者で、孔子の同時代人にしてライバル——はまさにミルの一節とも思えるものを書いている。「仁人之所以為事者、必興天下之利、除去天下之害（仁人の事として為す所以の者は、必ず天下の利を興し、天下の害を除去する）」[*6]。墨子は「兼愛」と呼ぶものを信じていた。善人とよい支配者は、自分たちや自分の家族や政治的同盟相手だけでなく、コミュニティの全員について、その決断や人生を通じて配慮するのだ、と彼は述べた[*7]。

この思想の力は、その後の幾世紀、幾千年にわたり、誇張の余地がないほど大きなものだ。これは幾度となく再発見され、広範な状況に適用されてきた。またそれは、正義や公平性といった他の中心的思想を強調する。たとえば、万人への影響を考えるという発想は、民主社会の基本的理念だ。それは多くの指導者の偉大な演説にも見られるし、ほとんどの国の建国文書にも含まれている。そうしたものは、明示的に何度も、社会や国の万人のニーズ、利害、願望に奉仕すると述べている。今日でも、これは世界中の無数の団体が、政府を改革したり圧制を覆したりするときの、強力な旗印として使われている。

基本的な考え方は、ミルの思想でもあるが、だれもが同じ重要性を持つ、ということだ。これはあらゆる人が苦しむし、リスクに直面するし、つらい重荷を背負うし、みんな快楽、喜び、満足、プライドを感じるからだ。宗教人も同じ結論——だれもが重要ということ——に達している。彼らは万人を神の被創造物と考えるからだ。そしてこの宗教的な見方は実は、進化理論の基本的な主張と共鳴しているのだ。

イギリスの哲学者兼歴史家デヴィッド・ヒュームは、今から二世紀以上前にこの考え方を概説してこう書いている。「いかに小さくても、ある程度の博愛が人々の奥底には注ぎ込まれている。そして人類に対する多少なりとも友情のきらめきも。何らかのハトの一部が、オオカミや蛇の要素とともに、人類の枠組みに練り込まれているのだ」[*8]。この思想の現代版は、初期の人や原人たち、生き残って最終的にヒトに進化した生物たちは、おそらく協力本能を持っていた、と述べる。これはみんなが食べ物を集め貯蔵し、隠れ家を見つけ、子供の世話をし、攻撃を撃退するために協力するのを容易にしたはずだ。これに対し、協力の低い原人たちは生存しにくかっただろう。貴重な時間とエネルギーを、お互い同士のケンカで無駄遣いしたからだ。

要するに、最初の偉大な人文主義的質問は、複雑で不確実で影響の大きい決断について考えるときの、強力でおそらくは直感的ですらある考え方だ。この質問は何世紀にもわたって生き残り、重要性を保ち続けてきた叡智と導きを簡潔に表現している。それはグレー領域問題と格闘する男女に対し、ある決断のあらゆる人間的影響について、広く深く考えるべきだと告げる。これはつまり、自分の選択次第で、他の人々のために、他の人々に対して何をすることになるか考えるということだ。そして、最高の純・純影響を持つ行動計画を選ぼう。このような形で考え行動すると、よい決断とよい人生がもたらされる。

実務的な課題

この最初の質問は、グレー領域問題を考えるときに直接関係がありそうだ――ただし二つの深刻な問題を考えなければの話だが。一つの問題は、現実世界にあるもので、もう一つは我々の頭の中にある。

現実世界の問題は、将来のことはわからないということだ。だれも水晶玉を持ってはいないから、完全なすべてを含めた影響なんてわかりようがない。未来は不確実だというのはあまりに言い古されてはいるが、でも人々は自分の生活を多少なりともコントロールしたいから、しばしばそのわからなさ加減を甘く見てしまう。この問題はきわめて大きく、評価の高い専門家たちですら、その専門分野で予測が大はずれになってしまう。[*9] その理由は多くの場合、複雑な相互作用の現実だ。今日の世界の相当部分は、広大なピンボールマシンに似ている。マネージャーが決断を下す――ピンボールのボールを放つに相当する――そしてそれが予測不能な形ではねまわり、他の一連の出来事を引き起こして、そしてそうした出来事同士もまた、互いに作用し合う。結果として、ピンボールが最後にどこにくるかを知るのはとても難しい。

この問題を抱えているのは専門家だけではない。きわめて高名な社会学者ロバート・マートンは、マートンの法則として知られるものを提起した。これは決断――我々のちょっとした日常的な選択から、巨大な公共政策上の決断まで――の意図しない二次的な影響は、しばしば意図した影響よりも大きなものになる、というものだ。[*10] 実はこれこそ、アーロン・フォイアースタインの問題の一部だったかもしれない。自分の事業を再建すると決めたとき、何年も先に何が起こるか、わかるはずがない。影響に注目した思想家たちは、もっと単純な時代に生きていた。墨子もタイムマシンに乗って、いまの我々が住んでいる、複雑で流動的で、混乱する想像もつかないほど相互依存した世界をかいま見たら、有益な影響の予測についてそれほど自信が持てなかったのではないだろうか。

二番目の深刻な実務的課題は我々の頭の中にある。我々は、とにかく合理的・客観的に考えるのが苦手だ――未知の未来についてだけでなく、過去についても、そして現在についてすら。グレー領域はときに、強い感情をもたらしてしっかり考えることを難しくするが、それは氷山の一角でしかない。この課題はずっと奥深いのだ。[*11]

問題は、心は意思決定をするのに二つの基本的なシステムを持っていると考えられるということだ。一つは、最近の進化的な発展だ。意識的、分析的で合理的だ。ものごとを客観的に見て、そうした事実に枠組みを与えたり分析したりする方法を見つける。もう一つのシステムはそれよりずっと長く人間性の一部だった。無意識で直感的だ。おそらくはるか昔の祖先の生存には重要だったのだろう。決断を下す時にはどのシステムを使うだろうか？　無数の慎重な研究により、潜伏した直感的な決断が、人の心の合理的な部分を圧倒することが示されている。

真に驚異的な例が、イスラエルの保釈審査員についての最近の調査だ。研究者たちによれば、朝一番に彼らが審査した囚人は、保釈が認められる確率が六五％だった。これは、昼食後に最初に審査される囚人についても当てはまった。これに対し、昼食直前や終業直前に審査された囚人は、保釈が認められる可能性がほとんどない。こうした審査員は専門家だし、法律の訓練も受けていて、誠実な男女であり、明確な基準に従い、自分の決断が重要なのも知っていた。それでも、何か強力な無意識の力が、彼らの判定を深い形で形成してしまっている。[*12]

こうした無意識の力とは何だろうか？　さまざまな分野――認知神経科学、心理学、言語学など――の研究者たちは、やっとそれを解明し始めたところだ。そして答は、簡単な答などないということかもしれない。人の心は、いまや無数の半ば独立したモジュールでできていて、そのそれぞれがちがう作業を担うように進化している。その一部は直立歩行を支援する。あるものは危険を知覚する。あるものは記憶し、計画し、愛する。こうしたモジュールは同時に動き、しばしばお互いに衝突する。結果として人の心は「競合する派閥の騒がしい議会」に似たものとなる。[*13]

最初の質問の各種変種を指示した大思想家たちは、どうやら安定した予想のつく世界と、安定した合理的な心を想定していたようだ。彼らが今日生きていて、我々のまわりや中の複雑性や乱流を見たら、考え直したか、その思想を丸ごと放棄したかもしれない。最初の質問に対するこうした挑戦は明らかに深刻なものだ。では本当にそれを判断の実用的なツールとして使えるのだろうか？

実用ガイド：プロセスを正しくしよう

その質問への答はイエスだ。本章の残りの部分は、実務的な課題に対処し、グレー領域問題についての判断改善に質問を役立てるための、五つのステップを示す。

立ち止まる

ある状況の純・純影響について理解するための最初のガイドラインは、単純なものだ。グレー領域についての判断を下さねばならないとき、結論を出そうとせず、他の人たちにも結論を出させないようにしよう。自分も他人も、ピンボールがどこに落ち着くかすぐにはわかると思ってはいけないし、複雑で不確実な決断の完全な影響がどんなものかもすぐにはわからない。むしろ正解についての最初の直感は脇へ置いておくようにしよう。

マルデンミルズ社の物語は、なぜこのガイドラインがそんなに重要かを示す——アーロン・

ファイアースタインはそれに従わなかったからだ。ひどい火事のあとで、彼は重い責任の重圧を感じていた。労働者三三人が負傷し、うち一二人が重傷、何百人もが本当に必要とする収入を失おうとしていた。彼は、その皆に対する深く緊急の義務感を感じた。だからこそ、すべてを再建するとすばやく約束したのだった。ファイアースタインの直感は見上げたものではあったが、同時に暴走列車でもあった。

世界はもちろん、才能と権力と富を持った人々が、他の人々の生計手段や生活に対する強い責任感を抱くほうが、ずっとよい場所になる——そしてこれは、最初の人文主義的な質問の中心的な関心事だ。でもそうした立派な個人的コミットメントは、彼らや、我々をまちがった方向に導きかねない。問題とは真正面から取り組みたいが、自分の知識と判断力を過大評価してしまう。ファイアースタインがそれをやったとき、彼は自分自身と、自分の会社と、その従業員たちを、危なっかしく不確実な将来の気まぐれと、自分自身の思考や直感のあまりに人間的な弱さに曝してしまったのだった。

数年前に、研究者たちは大量のアメリカ人のサンプルに対し、何人かの有名人が天国に行きそうかどうか尋ねた。マザー・テレサはそのトップ近くで、七二%は彼女が永遠の至福を得ると考えた。[*14]だが天国に行く最も高い可能性を持った人物は「自分自身」で八九%だった。近年の刑務所受刑者に対する調査でも、彼らは自分の親切さ、鷹揚さ、自制心、道徳性が非囚人たちより高いと答えている。[*15]こうした研究は自分自身の能力、判断、道徳的な誠実さを過大に

(それもときに、極端に過大に)評価しがちな深い本能に関する大量の証拠のごく一部でしかない。

言い換えると、我々人間は、強い自己増強バイアスを持っている。[*16] それは先祖たちが難しい課題に挑むよう仕向けることで、人類の種としての生存には役立ったかもしれない。でもそのリスクは、問題やそれに対処する選択肢の影響がますます複雑で不確実になるにつれて急増する。したがって、純・純影響を把握するための第一歩は、問題を解決したり、自分の知的な鋭さを誇示しようとしたりするのを忘れることだ。むしろ、自分自身を謙虚に、現実的に、真面目な歴史や文学だけでなく、現代社会科学でも描かれたような、過ちを犯す人間の一人として見るようにしよう。これでまちがいが避けやすくなり、第二ステップへの道が開ける。

プロセスに注目

グレー領域問題に直面したら、基本的な仕事はプロセスをきちんとすることだ。グレー領域問題は一人の個人の見事な直感的ひらめきで解決されるなどということはほとんどない。あるきわめて成功して尊敬を集めているCEOが述べるように、「オリンポス山の孤独なリーダーというのは本当にダメなモデルだ」。グレー領域問題にはプロセスが決定的となる。なぜなら、自分が正しい判断をしたかどうかは決してわからないかもしれないからだ。わかるのは、その問題に正しいやり方で取り組んだということだけなのだ。

プロセスとは何か？　それは基本的に、よいマネージャーが時間をかけてやることだ。マネジメントは要するに、目標達成のために他人とともに、他人を通じて働くということだ。グレー領域問題を解決するには、自分や他人がその問題にどう取り組むかを慎重に管理しなくてはならない。これは判断ツールとして五つの質問を使う方法を考えるとき、何度も聞くことになる主題だ。

このアプローチは、奇妙でがっかりするものに思える。結局のところ、組織プロセスといえば、かなり陰鬱な連想が出てくるからだ。プロセスというと、矢印だのフィードバックループだのだらけのややこしい図が連想され、魂を破壊するような果てしない会議が思い出される。でもアメリカ憲法に関する現代最高の学者アレクサンダー・ビッケルによる驚くべき発言を考えよう。ビッケルはこう書いている。「最高の道徳性とは、ほぼ常にプロセスの道徳性なのだ」[*17]。これはキャリア官僚のモットーのように聞こえるが、実は深遠な洞察だ。というのもグレー領域問題に直面したとき、問題への取り組み方は、最終的な決断と同じくらい重要だったりするからだ。

なぜそうなのだろうか？　理由はそこら中にある。我々が暮らしているのは、組織という素晴らしい社会的発明の世界だ。大きなものも小さなものも、公共のものも民間のものも、正式なものも非公式なものもある。組織は我々を取り巻く生命維持装置だ。それがないと、家は土の床になり、仕事は長く厳しいものとなり、生涯は痛々しく短いものとなる。組織が機能するようにするのがマネージャーたちであり、その方法はプロセスをきちんとすることだ。マネージャーたちとプロセスが世界を回しているのだ。

我々がこの現実を見過ごすのは、今の世界がリーダーを祭り上げ、マネージャーを二流市民扱いするからだ。よく聞くのは、リーダーは物事の可能性についてのビジョンを持ち、情熱と献身で人々を捕らえ、ときに世界を変える、という話だ。これに対し、マネージャーたちは列車を定時に運行させるだけだ。通説では、マネージャーは左官工や機械工でしかない。会議を運営し、アジェンダを作り出し、予算をたてる。彼らは組織の「退屈な継子」だ。[*18] 現代の主流の決まり文句が、この紋切り型を明確に述べる。リーダーは正しいことをやり、マネージャーは物事を正しい方法でやる、というのがその決まり文句だ。

この決まり文句は、ひどい誤解のもとだ。それは歴史上の偉大なリーダーが、しばしばプロセスをきちんとできる有能なマネージャーでもあったという事実を無視している。我々はモハンダス・ガンディー、マーチン・ルーサー・キング、ネルソン・マンデラについて、その啓発的な演説、英雄的な自己犠牲、彼らが刺激を与えた何百万もの人々で記憶している。だが偉大なリーダーの真面目な伝記を見ると、彼らがプロセスの重要性を理解していたことがわかる。何ヶ月も何年もかかる、度重なる会議で、彼らは世界への自分の影響を増幅する運動や組織のマネジメントに、時間とエネルギーを注いだのだった。

たとえば、キング牧師は何週間もかけて、六つのいがみ合う市民権運動グループの連合体を造り上げ、それがワシントン行進に結実した。[*19] それがなければ我々はキングの「私には夢がある」演説を聴くことはなかったかもしれない。つまり、多くの偉大なリーダーが優れたマネージャーでなければ、彼らは名を残せなかっただろう。彼らが成功したのは、プロセスをきちんとしたからだ。物事を正しい方法でやるのは、通常は正しいことをやるための最高の方法だし、多くの場合は唯一の方法なのだ。

グレー領域問題に直面する男女にとっての基本的な仕事は、マネジメントだ。それはプロセスをどうにかするということだ。つまり、正解は何かという最初の気持ちや直感は脇において、むしろ答を生み出すために、他の人と、他の人を通して働くにはどうしたらよいかに専念するということだ。

プロセスは確かに、物事を遅くしてしまう。だがこれは利点であり、欠点ではない。それは孤立した拙速な決断の危険を減らす。時間は自分や他人に考えさせ、話を聞き、議論をして、考え直させてくれる。意外な選択肢が出てくるのも可能にする。時間は人々を共に働かせて、二次的、三次的影響を慎重に想像させてくれる。そして時間は最初の感情的な反応を鎮めてくれる。グレー領域問題は辛抱強さと配慮と几帳面さを必要とする——そしてこれらは、グレー領域問題の純・純影響を把握するという課題においては、しばしば決定的なのだ。

適切な人々を集める

プロセスをきちんとするための重要な一部が、適切な経験と技能を持つ適切な人々を十分に関与させることだ。それはどういう人々だろうか？　答はもちろん場合による。一部のグレー領域問題は、即決が必要だ。時間が限られ、影響も限られていれば、正しいプロセスとは常識ある同僚との手短で率直な会話だ。その反対の極として、アーロン・フォイアースタインが直面したようなグレー領域問題がある。何層もの複雑な戦略的、組織的、人間的課題が含まれている問題だ。こうした問題は幅広い判断と経験を必要とする。

本当に複雑なグレー領域問題を扱っているとき、だれが参加すべきか？　もちろん、自分のよく知る信頼できる人がほしい。正直で、責任を真面目に考え、直面する問題にとって正しい背景を持つ人々の意見が必要だ。そして、複雑な状況で純・純影響を理解したいときには、その組織と世界での物事の仕組みについての「感覚」を持っている人が必要だ。

複雑な状況で何が本当に起きているかについての直感は、実務的な技能だ。たとえば未熟児用の集中治療室で夜勤中の、経験豊かな新生児看護師を想像して欲しい。赤ん坊の生命兆候を追跡するモニタを見ると、すべて問題ないように見える。でも幼児の一人を見ると、その肌の色がおかしい。照明の具合かな、と思うが、何かおかしい気がする。そこで他の職員に警告を出し、彼らは子供を調べて、深刻な問題を見つけ、その命を救う。経験豊かな消防士を想像して欲しい。燃えさかる部屋に、他の消防士数人と入る。そこで何かを感じ、仲間にすぐ部屋を出ろといい、そしてみんなが部屋を出た瞬間に、床が抜ける。[*20]

この看護師と消防士は、見かけよりも多くのことがその状況で起きているのを感じた。この感覚は長年の経験で育まれたものだ。どちらも、ルールやテンプレートに頼ってはいない。どちらも知識や技能は持っているが、それが実践に基づく観察力と、複雑性の中のパターンを見分ける能力と組み合わさっていた。[*21] どちらも技術士ではなく、どちらも状況に対して人文主義的なアプローチをした。豊かで重要な、地に足の着いた体験で磨かれた直感に頼ったのだ。おかげで、他の人には複雑性と不確実性しか見えなかったところに、深刻な影響を感じ取れたのだ。

こうした専門家は、実はそこら中にいるのだが、通常はそれに気がつかない。こうした日常の専門家たちは、標準的な学位や経歴書を持っていないからだ。アーロン・フォイアースタインの身近にも、こうした専門家がいた。その上級経営陣は、何年も同社を運営してきて、隙あらばやられる熾烈な世界繊維市場で、顧客をめぐって必死の競争を続けてきた。数週間、数ヶ月かければ、火事の後での彼の選択肢について、総合的な影響についての分析と理解を支援できたはずだ――競合他社の状況、会社の財務や経済、別の技術、会社の法的な責務について検討できただろう。

残念ながら、フォイアースタインは全工場を最新技術で再建するという決断について、こうした専門家が疑問を述べたときにそれを無視した。

実務的な日常の専門家は、グレーをすべて解消するまばゆい明かりを持っているわけではない。そんなことはだれにもできない。だがグレー領域問題に直面したとき、プロセスに引き込みたいのはこうした人々だ。そして、こうした人々は探せば見つかる――理想的には、グレー領域問題が目の前にやってくる前に。組織の中を見回して考えよう。面倒な状況で、しっかりした評価を行ってきた実績があるのはだれだろう？　状況を便利で明解な形で考えたり見直したりするのが得意なのはだれだろう？　チームに加わり、他人から学び、目立とうとしないのはだれだろう？　ジェイン・オースティンが「自己統制」と読んだ性向を持つのはだれだろう――自分の感情や、グループの中に広がる感染的な感情に流されにくい人はだれだろう？[*22]　そうした人々が、グレー領域問題に取り組むときにいっしょにいてほしい人なのだ。

簡単な意思決定ツリーをつくろう

自分の努力や、いっしょに働いている人々の努力を構造化して集中させ、純・純影響を理解するにはどうしたらいいだろう？　もちろん唯一無二の正しいアプローチはないし、多くは個別状況次第だ。だが最終的な決断をする前に、ほぼ必ずある重要な一歩を踏み出さねばならない。その一歩をあらわす方法はいろいろある――たとえばもっと大局的な見方をするとか、決定的なトレードオフを抽出するとか、いちばん奥底の事実を見ろとか、窓から外を見てみようとか。だがこれはすべて同じことを言っている。基本的な選択肢は何か、それぞれの総合的な影響は何かについて、明確に見る必要があるということだ。

これをやる有益な方法は、ある無名のイギリス牧師が二〇〇年以上も前に鋭く述べていたものだが、軍事指揮官、商人、船乗りたちはその変種をはるか昔から使ってきた。その牧師とは、トマス・ベイズ牧師で、一八世紀イギリスの地方部に住んでいた。彼のアプローチはいまや、高度な意思決定理論へと発展したが、その中核的な洞察は、決断の純・純影響を抽出するための、驚くほど単純で便利な方法だった。

ベイズは、こうした影響を理解するための、二つの実務的な課題に直接取り組んだ。その課題とは、だれも水晶玉はもっていないし、人は客観的に考えるのが苦手だ、ということだ。ベイズはこれを知っていた。[*23] そこで、未来を予測するのはやめるべきだと提案した。むしろ、将来を可能性の範囲として見ようと述べたのだった。

ベイズがそれで何を言いたいかを理解するには、彼がアーロン・フォイアースタインに何を言ったか想像してみるといい。「私は牧師としてキャリアを築き、あなたの個人的な悲劇も理解できる。あなたとその労働者たちは、すさまじい損失を被った。彼らやその家族を助けたいという喫急の願いはすばらしいものだ。だが一歩下がって、次のステップで考えられる多くの影響を本当に考え抜くべきだ。なぜなら、未知のことがあまりに多いし、いまのあなたは強い感情的な反応に捕らわれているようだから。単純な意思決定ツリーを描いてみてはいかがだろうか？[*24] ただの技法だと思うかもしれないが、実はこれは、考え方なのだ。答は出してくれないが、選択肢の影響についてずっとはっきりした感覚を与えてくれるよ」。

グレー領域問題に直面するマネージャーたちは、次の二つのステップを通じて簡単な意思決定ツリーを描ける。まず、問題に対処するためのあらゆる選択肢を考えることだ。つまり、何をすべきか考えるのではない。フォイアースタインは、そこを出発点にしてしまったらしい。むしろ、あまりとらわれることなく、創造的になって、自分にできそうなあらゆることを考えよう。[*25]第二に、それぞれの選択肢の結果として考えられるものをすべて見極め、そうした結果が起こりそうな確率を考えよう。

いまの説明は抽象的だったから、マルデンミルズ社の場合にそれがどういう意味かを考えよう。アーロン・フォイアースタインが火事の夜に、すべてを最新技術で再建しようときめたとき、彼は要するに、自分がとても特殊な意思決定ツリーに直面していると想定していたわけだ。このツリーには枝が一つしかない。すべてを再建する、というものだ。この枝は、回復の成功と繁栄する会社というたった一つの結論に到達する、と彼は考えていたようだ。そして、この結果の確率はとても高いと考えていたらしい。

残念ながら、選んだその枝には考えられる結果が他にもあった。一つは、回復までの長い、利潤の出ない苦闘だ。もう一つは、実際に起こった大惨事だ。アメリカの繊維産業を慎重に分析すれば、まちがいなくこうした結果のどちらも、かなりの実現確率があったことが示唆されたはずだ。実に多くのアメリカ繊維企業がまさにそういう運命を迎えていたのだから。こうした確率は、「すべて再建」選択肢の可能性の値を激減させる。その選択肢は、きちんと理解すれば、次の三つの可能性の加重価値だ。大成功、長く報われない苦闘、完全な失敗。

もっとひどいことに、フォイアースタインは自分の意思決定ツリーに他の枝があったとは気がつかなかったらしい。他の選択肢は、不採算事業を切り、有望な新製品の研究開発に大きく投資し、一部の生産は外注して、部分的に再建し、レイオフされた労働者には気前のよい退職手当や再研修支援、といった対応を組み合わせる、というものだ。こうした組み合わせのどれかはうまくいっただろうか？　それはだれにもわからない。だがフォイアースタインとその経営陣は、こうした選択肢やその成功確率を見極めようと頑張ることもできた――最終的な決断を下す前に。そうすれば基本的な意思決定ツリーができただろう。自分の選択肢が何か、それぞれの考えられる結果は何かについて、見えたはずだ。

これをやれば、マルデンミルズ社を存続させ、破産を回避し、多くの労働者に職を提供し、残りには再訓練を提供するような、意思決定ツリー上の枝を見つけられたかもしれない。同社は最終的に、保険金三億ドルと、銀行融資一億ドルを受け取った。こうした資金をきちんと戦略的に使えば、フォイアースタインは本当に気にかけていたことの相当部分――すべてではないだろう――を実現できていたかもしれない。そして何より重要な点として、もし何らかの意思決定ツリーのようなものを使って、自分が広く深く考えていることを確認していれば、フォイアースタインは万人にとってずっとよい純・純影響を実現していたかもしれない。

グレー領域問題に直面したからといって、複雑で厳密に構築された意思決定ツリーを作る必要はないし、またそんなものは作ろうとしても作れないのが普通だ。でも他の人たちと手間暇をかけて、慎重にあらゆる選択肢やその結果と確率について考えることはできる。また新しい情報を得るに従ってその考えられる結果についての評価を更新もできる。でも本当に重要なのは、広く見渡し、考えられる結果の全貌を考え、それぞれの結果についてじっくり――想像力と共感を持って――考えることだ。

単純な意思決定ツリーには多くのメリットがある。その一つは、自分の見たくない可能性を直視するよう仕向けることだ――多くの人はそんなことはしたがらない。コンピュータが傑出した人間のチェス選手を破る理由の一つは、コンピュータのほうがまったく感情のない明晰さであらゆる選択肢を分析するからだ。これに対し、人間は立派なビクトリア朝の紳士淑女めいたふるまいをして、ややこしかったり、気が進まなかったり、つらそうだったりする結果やシナリオからは目を背ける。[*26]

マルデンミルズ社の場合、ポーラーテックの見事な導入により、陰気な産業トレンドを克服してきたアーロン・フォイアースタインのような実業家が、ひどく失敗して自分の会社をダメにするというのが見たくない可能性だったわけだ。別の見たくない可能性もあって、それはその大胆なコミットメントが失敗したときには、破産し、全従業員をクビにして、彼らのコミュニティを荒廃させるという可能性だった。アーロン・フォイアースタインは、それも脇へ押しやったらしい。

最初の大きな人文的質問は、見たくない結果も直視しろという。特に、無垢な人々に苦労と深刻なリスクをもたらす結果を見なくてはならない。特に、グレー領域問題の決断を下すときにはほとんど目に入らない人々について考えねばならない。そのときには、通常は決断そのものと、その複雑性や不確実性のことばかり頭にある。しばしば問題を解決するために締め切りに追われている。このため、本当に広く深く見る可能性は下がってしまう。か弱いが目に入りにくい人々に課しかねないリスクや危険や被害を見るとき、自分の組織の境界や、自分の経済的、法的な責務を超えて見る必要がある。これは深いなことだし、決断をさらにややこしくするが、それこそベンサム、ミル、墨子、キリストなど、多くの賢く洞察に満ちた精神が正しいと信じたことなのだ。

敢えて反論をしてもらう

決断と結果として考えられるものの全貌を見たければ、適切な人々を集めて分析をきちんとまとめるだけではすまない。どんなにきちんとプロセスを作っても、二つの要因がそれをひっくり返しかねない。その2つとは、集団思考と忖度だ。前者は自分の懸念を押し殺して集団の気分に従うよう仕向ける。後者はオートパイロット状態になり、上司に盲従するよう仕向ける。プロセスをきちんとして結果を明解に得るには、このありがちな傾向の両方に抵抗しなければならない。

アーロン・フォイアースタインは、このあたりで決定的なまちがいをしたかもしれない、マルデンミルズ社の評価の高い重役の一人が、彼の再建策に強硬に反対した。結果としてこの重役はクビになった。このような決断は、組織の中を強い余震のように走り抜けるメッセージを送り出す。一つのメッセージは、上司の直感のほうが自分の分析より大事だ、というものだ。もう一つのメッセージは、ややこしいグレー領域の決断についてのものですら、上司に反対すると自分の首が危うくなる、というものだ。そしてもう一つのメッセージは、集団や上司が考えているらしきことから、なんであれ逸れないほうが安全だ、というものだ。

集団思考や忖度は深刻な問題だから、よいマネージャーはそれと正面切って戦う。一つの戦術は、作業部会を小さいチームに分けて、分析と行動計画をそれぞれ別個にたてさせることで、独立した思考を促すことだ。もう一つは、ある視点の支持者に対し、その立場に反対するための最大の理由は何かを尋ねることだ。こうすることで、彼らがどこまで徹底して問題を分析したかがわかる。

もう一つの戦術は、集団の数人を、敢えて憎まれ役になるよう指名することだ。憎まれ役というのが何かはだれでも知っているが、有名であるがゆえに、そのアプローチが難問解決にどれほど重要かが隠れてしまっている。真実の反対側からの探索——反対と矛盾に基づく探索——はあらゆる主要哲学的伝統に見られる。そして憎まれ役戦術自体も何世紀も古い。カトリック教会は中世にそれを開発して、聖人指定の候補者の審査に使った。憎まれ役（悪魔の代弁者）が指名され、列聖を支持する神の支持者に対して反論を行ったのだ。[*27]

グレー領域問題に直面したら、憎まれ役の仕事は、その集団が合意しようとしている結論や見方に対し、できるだけ強い反対意見を述べることだ。このアプローチが成功するには、憎まれ役には訴追免除の組織版が必要だ。つまり、思慮に満ちた反論は、上司に対するものであっても、その人の減点要因ではなく加点要因になるということだ。

憎まれ役戦術は、反論を作り出すためのきわめて柔軟な手法だ。たとえば、一部の軍隊は「赤組対青組」という訓練を行う。こうした訓練は、集団を二つに分けて、相手を襲わせることで、チームがどのくらい臨戦態勢になっているかを試す――それにより強さと弱さが明らかになるのだ。[*28]リンカーン大統領の内閣は、何人か強力な政治的反対者を含んでいた。歴史家ドリス・カーンズ・グッドウィンはこれを「ライバルたちのチーム」と呼び、このおかげでリンカーンはアメリカ史の決定的な時期に、ずっとよい決断ができたのだと結論している。[*29]

もう一つ、反論の有意義なやり方は「日常用語で説明しろ」と要求することだ。つまり専門家に、ありそうな結果の評価について、一般人のことばで説明してもらうのだ。この戦術は、その集団の全員が状況の重要な要素を把握し、人々が愚かに見られないよう、無用に複雑な分析に従ってしまう可能性を減らす。日常用語で、という方法は、いったん決断が下されてその実施が始まったとき、あなたが自分の決断を、専門家でない人のもっと大きな集団に対し、明解かつ説得力ある形で説明する用意を調えてくれる利点もある。

こうした反論を奨励する戦術はすべて、基本的にあなたがグレー領域問題に直面したときに、本当に純・純影響をしっかり考え抜いたか確かめさせてくれる。不確実性と人間のまちがえる傾向という二つの課題をこれで絶対に克服できるとは限らない——そんなことは何をもってしても不可能だ——が、あなたにとってもその決断で影響を受ける万人にとっても、もっとよい結果の可能性を高めてくれる。

本当にこれ以上質問がいるのだろうか？

グレー領域問題に直面していて、本章のガイドに従ったとしよう。いまや決断の準備はできたのではないか？　選択肢のすべての影響について、広く深く見るように、という強力で昔ながらの指示——重要な宗教、哲学、政治的伝統に深く根ざしている——に従った。拙速な判断を避け、適切な人々を頑張ってそろえ、きちんとしたプロセスを作った。選択肢や確率や結果のすべてを、簡単な意思決定ツリーなどを使ったりして検討した。率直で批判的な議論を奨励し、見たくない可能性も直視した。それ以上の何をしろと？

最初の質問は、あなたのやることで助けられたり被害を受けたりする人々にとっての影響に大きく注目することで、グレー領域問題を解決する決定的な正しい方法だし、人の生き様としても立派なものに思える。判断にそれ以上の質問やツールが本当に要るのだろうか？　この質問への答は、まちがいなくイエスだ。なぜかを理解するために、以下のシナリオを見てみよう——最初の質問の限界と危険を劇的な形で示す、遊び心に満ちた思考実験だ。

最初の質問をとても重視する国に住んでいたとしよう。その国の指導者たちは、政府を慎重に設計して、その決断がミル、墨子、キリストや重要な政治的思想家の考えに従うようにした。この国では、何よりも重要なのは、客観的に最高の純・純影響をもたらす政策や決断だ。そしてあなたもこの政策を支持している。

ある晩、呼び鈴がなる。玄関をあけると警官が三人立っている。招き入れると、彼らはすぐに本題に入った。近くの病院で生命維持装置につながれた六人の人間がいて、すぐに臓器移植が必要なのだという。だから、あなたを病院につれていって、臓器提供者にするのだという。政府の保健局は簡単な意思決定ツリーを描き、あなたの寿命はそれで四〇年ほど短縮されるが、他の人たちの寿命は何百年も延びるのだと推計した。警官は、正しい行動をして自発的に来てほしいという。そうでなければ、手錠をかけて病院に連行する、と。

どうすべきだろうか？　それに従えば、死ぬことになり、愛する者たちや友人たちは悲しむが、これから臨終を迎えるあなたのように、これで六人の命が助かると知れば彼らも慰められるかもしれない。そして、自発的に行くかどうかは実はどうでもいい。結果の基本的な収支は同じだ。一人の生命――それがあなたのものなのは残念だが――対六人の生命だ。

警官に、その分析が単純すぎると言ってみよう。意思決定ツリーにはもう一つ重要な枝がある、と。自分を殺せば悪い前例となり、いろいろ不幸な結果が生まれる、と。でも公僕たちは結果について広く深く考えた。この作戦は極秘であり、二度と繰り返されない。これは特別なケースなのだ、患者の一人はノーベル賞科学者で、マラリア治療法発見の寸前まできているのだから、という。どうやら政府の役人たちも広く考えたようだ。あなたの死で、何百万人もの生命が助かるかもしれない。また深くも考えている。あなたの死は苦痛のないもので、他の人々の緩慢な苦しい死を救ってあげられるのだ。明らかに、第一の質問だけ考えたら、愛する者たちに別れを告げて、病院に向かうべきだ。

このシナリオは、第一の質問の大きな欠陥を露わにしている――そしてこの欠陥が重要なのは、このシナリオが一見したほど荒唐無稽ではないからだ。影響の面から決断や行動を考えるというのは、強力な知的、宗教的、政治的、常識的な意味合いを持つ。それは費用リスク分析や費用便益分析といった通常のやり方の根底にあるものだ。だが重要な決定に対するこのアプローチは、危険で非人間的なものになりかねない。前世紀には、ナチスや共産主義の指導者たちが、社会にとって何が最善かという自分の壮大で倒錯したビジョンを追及したために、無数の無実の人々が殺された。ヨシフ・スターリンはかつて「一人の死は悲劇だ。百万人の死は統計にすぎない」と述べたことで有名だ。[*30] 最初の質問は、我々の一人一人を、他の人の便益のために踏みにじられる存在に変えてしまうリスクを持つ。ある形では人々の生活を向上させるが、ある形ではそれを貶めるものだ。

第一の重要な質問は、ガスバーナーのようなものだ。強力だが危険なツールなのだ。この質問は、マネージャーとしても人間としても、グレー領域の決断を考える出発点としては正しい。目の前のすべての図式を見るように求めるからだ。でもそこで止めるわけにはいかない。この質問は、人間の性質、権力、意思決定についての何隻にも及ぶ長い対話で、重要な声を表すものではある。だがグレー領域問題に直面するとき、この声だけに耳を傾けるべきではない。

他にどんな質問が必要だろうか？　そして臓器提供シナリオでは、最高の純・純影響をもたらそうという警官たちの計画における大きな欠陥とは何だろうか？　次の章ではこの両方の問いに答えよう。

第3章

自分の中核的な責務は何だろうか？

警察が手術室にあなたを連れて行こうとするとき、彼らが気を変えて命を救ってくれるようにするため、はっきり簡単に言えることがある。率直にこう言うのだ。「私を殺すのはまちがっている。私は人間だし、こんなことをしてはいけない」。そう言えば警察はその場で止めるはずだ。

でもなぜこれがそんなに説得力を持つのだろうか？　答は、それが根源的な原理を指摘するからだ——無実の人間の命を直接奪うのはまちがっているという原理だ。そして警察に、彼らにはその原理に従う義務があると伝えるのだ。単純に自分が人間だからこそ、警察は自分に対する義務がある、と告げていることになる。そして彼らも人間だから、そうした義務を破ることはできない。

いまの主張が、純・純影響の計算については何も言っていないのに注意しよう。別に最初の質問を明示的に拒絶しているわけではないが、新しい出発点から考えなおそうとするもので、難しい決断を下すときにまったく新しい視点を与えてくれる。この視点は偉大な対話における二番目の重要な声であり、その視点が照らし出す質問が、二番目の重要な質問となる。基本的な発想は、本当に難しい問題にきちんと対処するには、人間としての基本的な責務を理解しなくてはならないということだ。だからグレー領域問題も解決しようとするときには、中核的な人間としての責務が自分に対し、いま直面している状況において何をすべきで、何をすべきでないと求めているかという質問に対する答を――自分自身で――開発しなくてはならないのだ。

臓器移植の状況は思考実験だったが、現代史で最も重要な決断の一つについて、基本的な人間としての責務という視点が示してくれるかを考えよう。アメリカが最初の核戦争を戦ったのは、一九四五年に広島と長崎に原爆を落としたときだった。二〇万人が死亡した。一部は即死で、一部は火傷、トラウマ、放射能に苦しんだ後の死だ。二つ目の原爆を落とした数日後、トルーマン大統領は陸軍長官に対し、ひどい頭痛を訴えた。長官が、それは文字通りの頭痛なのか比喩的なものなのかと尋ねると、トルーマンは「両方」と答えた。「〈あれだけの子供を殺す〉と考えるとたまらないのだ」と言う。[*1] そして大統領は、太平洋では自分の明示的な承認なしにこれ以上原爆を使ってはいけないと命じた。

なぜトルーマン大統領はこんな命令を下し、なぜひどい頭痛を経験していたのだろうか？

トルーマンは第一次世界大戦で、ヨーロッパの塹壕で戦った。アジアでの戦争が長引くことで、連合軍の兵士とその家族がどれほど苦しんでいるかを知っていた。この長い悲惨な戦争を終わらせたくてたまらなかった。その一方で、何千人もの子供たち――まったく無実の幼児や乳児――が原爆の惨禍で死んだのも知っていた。そしてこれがまちがっているのを知っていた。これらの子供たちは無実であり、無実の人々をもっと大きな地政的目標のために殺すのはまちがっている。実際、この論理の変種はいまやテロと見なされる。

トルーマン大統領が、子供を殺すのは耐えられないと言ったとき、これは彼としての純・純影響の評価を述べているのではない。基本的な人間の責務について考え、大統領としてのみならず、人間として反応していたのだった。トルーマンは、無実の子供を殺すのはとにかく文句なしにまちがっていると確信し、この基本的な人間の責務を侵犯したくなかったのだ。だがなぜ彼はそんなふうに考え、感じたのだろうか？　なぜトルーマンは、この責務に従うのが、このきわめて重要な戦時中の決断を下す正しい方法だと信じたのだろうか――この決断は、大統領としても人間としても彼の遺産の中心となるものだった。そしてこうした考え方は、グレー領域の決断を下す最高の方法について何を物語るだろうか？

人間としての中核的な責務

五つの質問のすべてと同様、この二番目の質問もレーザーのように機能する。それは広範な、複雑で長期にわたる根源的な考え方――何がよい人生か、何がよいコミュニティか、何がよい決断か――をまとめ、それを強烈かつ強力に集中させる。この質問は宗教的な洞察や、政治哲学の基本的な信条、進化理論の重要な考え方、さらに苦痛や苦しみや死に対する人々の日常的で直感的な反応を蒸留し圧縮する。

「自分の中核的な責務は何だろうか？」という短い質問は、一つの重要な人道的主題に注目する。それは、お互いに人間だからというだけで、人々がお互いに対して持つ基本的な責務があるということだ。言い換えると、共通の人間性には何か深く重要なものがあり、それがみんなお互いに対して持つ根本的な責務を、即座かつ直接的に作り出すということだ。[*2]

ドイツの哲学者イマニュエル・カントは、この考えを見事に表現している。「私を最も畏怖させるものは、頭上の星空と、我が内側にある道徳的な法則だ」[*3]。大いなる対話における二番目の声は要するに、我々には頭上の空と同じくらいリアルな道徳的責務があると述べる。こうした責務に答えることこそが、よい決断を下し、よい人生を送るにあたり最高の方法なのだ。これはもちろん、強烈で議論の分かれる主張だし、それに反論する理由を考えるのも容易だ。

だったらなぜ、最も明晰な頭脳や親身な心がこの種の考え方こそ深遠な真実だと信じていたのだろうか？

この質問への最もはっきりした古い考え方は、偉大な宗教的伝統に登場する。イスラム、ユダヤ教、キリスト教、ヒンズー教はすべて、人間は特別な種類の生物だと教えている。[*4] 宗教によっては、人間には魂や聖なる閃光があるという。また別の宗教は、人間が一部は肉体で、一部は永遠の魂または造物主の手になるものだと述べる。つまり人間というのは、進化の梯子の一段にすぎない代物ではないのだ。たとえば、カトリックの社会的な教えの基本原則は、何世紀にもわたり次のとおりだ。「神の姿に似せて作られた人間個人は人物としての尊厳を持ち、単なるモノではなく、者なのだ[*5]」。

こうした宗教的な見方から、我々がお互いに強い逃れがたい責務を負っているという考え方まではほんの一歩だ——相手がだれだろうと、どこに住もうと、社会の政治体制がどうあろうと関係ない。東洋の伝統はこれについてきわめてはっきりしている。[訳注2] たとえば、孔子によれば

訳注2　本書は何か所かで、東洋と西洋の思想と社会慣習について大ざっぱな区別をつけている。これは単に、広く異なる傾向の明示することを意図しただけだ。現実にはもちろん、「東洋」も「西洋」もどちらも一枚岩ではない。それぞれの文化は重要な要素を共通して持ち、その境は思想の激しい相互影響により曖昧になってきた。たとえば、一二～一三世紀のアリストテレスへの注目再燃は、イスラム哲学者イブン＝ルシュドまたはアヴェロスによる、アリストテレス作品への詳細な註釈から生じたものだ。Roger Arnaldez, *Averroes: a Rationalist in Islam* (Notre Dame, IN: University of Notre Dame Press, 2000) を参照。

あらゆる人間は家族やコミュニティや政府に対する逃れがたい責務を負う。西洋の伝統では、古代ギリシャ人やローマ人は似たような見方を持っていた。キケロの古典『義務について』では、我々みんな人間性と取り巻くコミュニティから生じる責務によって縛られていると論じられている。[*6] 同じく重要なローマの政治家兼哲学者セネカは、簡潔にこう書く。「人は人にとって聖なる存在なのだ[*7]」。

今日ですら、現代西洋社会は個人の人権を強調しつつも、責務の世界に暮らし続けている。その多くは社会における我々の役割から生じるものだ。我々は親として、子供として、市民として、職業人として責務を負う。自分の権利ばかり主張したがる人々ですら、責務の世界からは逃れられない。これは、権利と義務は同じコインの表裏だからだ。私が自分の財産に対する権利を持っているということは、あなたがそれを尊重する義務を持つということだ。もしあなたが真実を告げられる権利を持っているなら、私は真実を告げる責務がある。要するに、我々が互いに対して強い逃れがたい責務を持つという考え方は、我々の生活や制度を形成し、思考を満たすのだ。

なぜそうなのだろうか？　絶対的な答はないが、進化理論は魅力的ながらも挑発的な説明を示唆している。我々の日常体験とも整合しそうな考え方だ。[*8] 基本的な発想というのは、何か遺伝的な偶然のおかげで、ある人間以前の存在たちは他よりも共感能力が高かったというのだ。他の者が考え、感じていることをすぐに把握できた――一部の神経学者がミラーニューロンだと考えているものを使ったのかもしれない。こうした能力を持つ人間以前の存在は、食べ物を見つけて貯蔵し、子供たちを守り、捕食動物と戦うときに、集団で活動するのがうまかった。だから生き残る確率が高く、遺伝的形質を子供たちに伝えやすくなり、それが結局我々に進化したというわけだ。

　これはもちろん憶測でしかないが、日常生活はそれを裏付けているようだ。児童虐待や暴力犯罪についての赤裸々なテレビ報道を考えてほしい。そうした報道を見ると、我々は肉体的に反応してしまう。自分たちが見たものがまちがっていると感じる――そしてそれを確信するようだ。[*9]何かが我々に、大声ではっきりと、人間は決してお互いにそんなことをしてはいけないと告げるのだ。そして我々は、そういう風に反応しない人々はどこがおかしいと感じることができる。こうした非道な行為がなぜまちがっているのか、概念的な説明を必要とする変わった連中もいる。そういう人々の問題は、「余計な」説明を求めているということだ。[*10]またまったくそれに動じない人々もいるが、そういう人々は欠陥を持つか異常なのではと人々は恐れる。

　要するに、この二番目の質問は到るところから聞こえるコーラスであり、独奏ではない。それは昔からの深遠な洞察――明晰で心優しい思想家たちだけでなく、ほとんどの人々が日常生活で共通している洞察――を広範にまとめている。そのサビは単純だ。人々は、互いをあるやり方で扱う基本的な責務を持っているのだ。人間として、こうした責務が決断と生活を導くべきだ。哲学者クワメ・アンソニー・アッピアは、この原理を水晶のようにはっきりと述べた。

「どんな局所的な忠誠心も、それぞれの人間が他のあらゆる人間に対して責任を持つということを忘れるのを正当化できない」[*11]。

この二番目の偉大な人文的質問は、この深遠な原理を反映したものだ。それはなぜ、警察があなたを非自発的な臓器提供者にするのがまちがっているかを説明する。それはトルーマン大統領が日本人の子供を殺すという考えを嫌った理由だ。二番目の質問は、人生で本当に何が重要か、世界が本当はどう動くのか、困難で重要な決断を下すべき最高の方法についての長き対話における、根本的な声を表明している。だからこそ、この質問はグレー領域問題の解決でとても重要なのだ。それはまた、重要な決断に直面したときにこの質問を無視する人々は、驚異的な傲慢さ、否定、自己耽溺を示しているのだということも明らかにしている。

この二番目の質問はきわめて重要だが、実務的だろうか？ たとえば、グレー領域問題と格闘してきたとしよう。マネージャーとして取り組み、他の人々といっしょにできる限り最高の情報や分析や、状況にかなった評価を造り上げてきた。さてどうするか決めるときだ。この状況で、具体的に、自分の中核的な人間としての責務が何を求めているか、どうすればわかるだろうか？ どうしても越えてはいけない一線をどうやって見つけようか？ この質問に答えるために、今度はきわめて難しいグレー領域問題に直面し、基本的な人間としての責務からその状況を考え抜いた人物の例を見よう。

実務的な課題

バイオジェン・アイデック社（訳注：現バイオジェン社）ＣＥＯジム・マレンの立場になったとしよう。二〇〇四年にバイオジェン社は小さなバイオテック企業だった。長年の努力で、多発性硬化症の治療薬を開発した。この病気は世界中で何百万人も苦しめ、予想もつかない、恐ろしい、ときに激しい症状を引き起こす。たとえば疲労、しびれ、筋肉衰弱、バランス喪失から、けいれん、うつ、認知力低下、そしてきわめてひどい場合だと死にも到る。バイオジェン社の新製品タイサブリは、この多発性硬化症治療への大きな一歩に思えた。ある患者が述べたように「よくなりました。奇跡的に飛び上がって駆けっこができるほどではないけれど、五歳の息子二人とアヒルの池まで歩いて行けたんです。夕食を料理できるくらいは立てたし、笑顔も増えました。希望というのはそういうものです。タイサブリは私にそれをもたらしたんです[*12]」。

タイサブリが臨床試験の一年目で実に効果が高かったので、食品医薬品局は臨床試験完了前に薬を発売したいというバイオジェン社の要求を認めた。同社はタイサブリを急いで市場に出した。一年で、バイオジェン社は新しい製造工場を２つ建て、第三者への支払い手段を整え、営業部隊を再編し、患者七〇〇〇人にタイサブリを投与した。さらに一万五〇〇〇人が、自分たちの管理療法提供機関の承認を待っていた。バイオジェン・アイデック社の株価は記録的な高みに達した。

二月のある金曜の朝、ジム・マレンはバイオジェン・アイデック社の社員向け総会を開き、みんなの頑張りとその成果に感謝した。そしてオフィスに戻ると、製品安全担当重役から留守電が入っていた。「ジム、話がしたい。すぐに電話をくれ」。マレンは、これが悪い報せなのを悟った。すぐに知ったのは、タイサブリ臨床試験の患者が進行性多巣性白質脳症（PML）で死亡したということだった。これはきわめて稀な脳の感染症だ。そして別の患者も同じ病気のようで、重症だという。これはきわめて珍しい感染症だ。一件だけなら孤立したできごとかもしれないが、二件となると、タイサブリが貢献した可能性が出てくる。

マレンの問題と彼が行った決断については、この後の数章で何度か触れる。そこには重要な考え方や主題が見られるからだ。ここではとりあえず、グレー領域問題に直面したときに、基本的な人間としての責務に応える困難について、この状況が何を明らかにするか認識しよう。

マレンの状況は、彼の責務に関する長い一連の質問を提起するものだった。最初のものは、自分が抱える複数の責務にどう対処するかというものだ。PML問題は、現在の患者、将来の見込み患者、彼らを治療する医師や看護師、多くの国の政府規制当局、各種の株主集団に対する法的な責務が関連してくる。マレンはまた、そうした各人に対して並行した責務——倫理的責務——を持っていた。そしてもっと深く見れば、そうした法的倫理的責務は、どれ一つとして単純なものではなかった。

たとえば、タイサブリを摂取している患者に対するマレンの責務は何だろう？　すぐに彼らの医師たちに、ＰＭＬ症例について通告するのが法的、倫理的な責務だろうか？　すぐに患者に通告する責務はあるだろうか？　あるいはまず問題の根幹をつきとめるのが義務だろうか？　即座にタイサブリを止めるのが責務なのかもしれない。あるいは、この問題について知らされたら、ＰＭＬのリスクを知りつつ薬を飲み続けるかどうか判断する権利は患者たちにあるのだろうか？

責務の複数制をめぐるマレンの問題は、珍しいものではない。タイサブリの例は脇において、少し人々がしばしば主張する多くの権利について考えてみよう。こうした権利の一覧はいくらでも続く。ある一覧はこうある。「生きる権利、選ぶ権利、選挙権、働く権利、スト権、逮捕されたときに電話を一本かける権利、議会を解散させる権利、フォークリフトを運転する権利、亡命の権利、法の前での平等の権利、自分のやったことを誇りに思う権利、存在する権利、違反者に死刑宣告する権利、核先制攻撃をする権利、チェスで盤の右半分でキャスリングをする権利、固有の遺伝的アイデンティティの権利、自分で見たことを信じる権利、カップルを結婚させる権利、放っておかれる権利、自分なりのやり方で地獄に落ちる権利[*13]」。こうした権利はすべて、他人にとっての責務を作り出す。熱帯雨林の昆虫のように、責務と責務を生み出す権利は我々のまわり一面を取り巻いている。

さらにややこしいのは、こうした責務がすべて、実にさまざまな形でやってくるということだ。一部は法的、規制的なものだ。一部はお馴染みで、一部は異様だ。一部はどうでもよいものに見えるし、一部は人生を規定してしまう。だったら、一部の責務や責務の種類は、他の責務より優先されるべきなのか？　そして責務同士が対立したらどうなる？　日常的な例としては、真実を告げるのと、友人に優しくするのとで起こる葛藤がある。要するに、責務の複数制は深刻な実務的問題を作り出す。ある状況で自分の責務が何か、どうすればわかるだろう？　責務にどう優先順位をつけるべきか？　そして複数の責務が対立したらどうする？　もう一段の困難は、自分が自分の責務を筋の通った理性的なやり方で整理できると思ってはいけないということだ。育つ中で、我々のほとんどは、やってよいこと、いけないことの長い一覧を学んできた——両親の言うことを聞け、部屋をきれいに、敬意を保て、等々——そしてそれを両親など権威ある人物から学んだ。しばしば、その人々の強い声が我々の中に響き、無意識のうちに何をすべきで、何をすべきでないか告げており、広範な気持ちを引き起こしているのだ。

もっとひどいことに、人は自分の責務について十分に承知しているときですら、内面的、外面的な力のおかげで、やるべきだとわかっていることをやらずにすませてしまうことが多いという、きわめて強い証拠がある。ある有名な例は、プリンストン神学校の生徒たちをめぐるものだった。彼らは、善きサマリア人についての聖書の寓話に関する講義に出席した。その講義は意図的に時間オーバーしたため、生徒たちは次の講義に遅れてしまった。その次の講義への途上で、ある男が戸口にもたれかかり、うめいて咳き込んでいた――実はこの人物も実験の協力者だった。六三人のうち善きサマリア人としてその男を助けようと足を止めたのはたった一〇人だった。[*14] 残りのみんなは次の講義へと直行した。

一世紀前にアメリカの心理学者ウィリアム・ジェイムズはこう書いている。「人間という蛇の痕跡があらゆるものについているのだ」。[*15] ジェイムズは、現代社会科学が繰り返し疑問の余地なく確認したことを述べている。無数の、しばしば目に見えない形で、人々の関心、偏見、盲点は、自分の行動の結果について（これについては前の章で見た）や責務について、我々が明晰で客観的な考え方だと確信しているものを、形成し、しばしば歪めてしまうということだ。

タイサブリの事例は、二番目の質問が実務で本当に何を意味するかを考えざるを得ないようにしてくれる。自分の基本的な責務を真剣に考えようとするけれど、あらゆる面から各種責務に責め立てられるときにはどうすればよいのか？　そして、自分の中核的な人間としての責務が何なのか、偏見も歪曲もなしに明晰に把握するにはどうすればよいのか？

実用ガイド：道徳的想像力を覚醒させよ！

この質問に応えるには歴史の試練を経たやり方がある。それは昔から人の「道徳的想像力」

と呼ばれてきたものに頼ることだ。この節では、道徳的想像力とは何か、なぜそれがそんなに重要なのか、それがグレー領域問題でどう役立つのかを説明しよう。だが道徳的想像力を使う前に、まず事前のステップを二つ踏まねばならない。どちらもお馴染みで言わずもがなに思えるが、二番目の質問に答えるにはまったく不適切な答を頭から取り除くために必要なのだ。こうした答のどちらも、自分の中核的な人間としての責務が何かを教えると称するものだが、どちらもきわめて間違いにつながりやすい。

経済性を超えた見方をしよう

実用的なガイドの最初のものは、グレー領域問題に直面したら、状況の経済性をしっかり見極めつつ、経済性を超えた見方をしろ、というものだ。つまり計算をしてそれが何を告げるか把握するのは重要だが、それだけでは不十分だということだ。また、ある一般通念の1つを脇に押しやる必要もある。

その通念とは、ビジネスマネージャーであるなら、中心的または唯一の責務は利潤を得て収益を最大化し、株主価値を創り出し、あるいはとにかく儲けることだ、というまちがった見方だ。当然ながら、ほとんどの企業は大きな利潤を稼ぐ必要があるし、各種組織は自分の財務に細心の注意を払うべきだ。そしてマネージャーはそれが得意であるべきだ。だからこそ、本書の基本的なガイドでは、グレー領域問題にアプローチするときはまずマネージャーらしく、と述べている。これはつまり、本当に経済的な現実を理解しようということだ。もしそれをやらなければ、グレー領域問題だろうと日常的な決断だろうと、ひどい決断を下すことになり、組織を弱め、おそらくキャリアの見通しも限られたものになるだろう。

だがグレー領域問題に直面するときには、それを人間として解決しなくてはならない。そうした場合、自分の基本的な人間としての責務を理解し遵守したいなら、経済性を超えた見方が必要だ。

たとえば、ジム・マレンは人間として人々が互いに何を負っているかについての、長年の真剣な思索の伝統を無視して、タイサブリ危機をなんであれ株主収益最大化の方向で解決すべきだっただろうか？　多発性硬化症患者たちの便益とリスクについて、バイオジェン社の収益に影響する範囲でのみ検討すべきだろうか？　同様に、レイオフ担当のマネージャーたちは経済性だけを見るべきなのか？　レイオフが従業員たちに対して与える、厳しい、ときには破滅的な影響を無視して、労働者を柔らかい肉を持った資産として考え、評価、投入維持管理、減価償却、そしてときにはスクラップされる機械と同じ扱いをすべきだろうか？

歴史的観点からすると、組織のマネージャーたちが単一の支配的な責務——経済収益最大化——を持つという考え方は驚くべき展開だ。なぜか、ある理論的な想定——学術専門領域のある一部、経済学、ファイナンス、計量経済モデル化などで広く使われるもの——が、主にアメリカで二〇世紀末あたりに、至高の意思決定原理に変わってしまったのだ。人文主義の観点からすると、この発想は驚異的な展開だ。宗教的、世俗的を問わず、基本的な人間責務のどんな一覧も、ある集団にとって大量のお金を稼ぐことを圧倒的な要件として含めたことはない。むしろ思想の偉大な伝統は、富や豊かさへのこだわりを強く戒めるものだ。

だが、他に選択の余地はないのでは？　ビジネスマネージャーは、少なくとも英米式の資本主義下で働いている限り、株主収益最大化を法律で義務づけられているのでは？　この質問への答はノーであり、だからこそグレー領域問題に直面しているときには、状況の経済性を超えた見方をするのが重要なのだ。アメリカの会社法のどこを見ても、ビジネスマネージャーが無限に常時、株主の利益を最大化する義務を負うなどと書いてはいない。[*16] 法に書いてあるのは、まったくちがうことだ。マネージャーの法的責任は、株主と企業の利益に奉仕すること、とされている。これはきわめて広い責務であり、法はマネージャーや重役に対し、それを追求するにあたってかなりの柔軟性を認めている。[*17]

近年のアップル社CEOティム・クックと、アクティビスト株主とのやりとりが、この実際の法的現実を劇的に示している。その株主は、同社の再生可能エネルギープログラムについて尋ね、アップル社がそういう活動をやるなら利潤が上がる場合に限るべきだと述べた。珍しく怒りをあらわにしたクックは、アップル社は正義で公正だからという理由行うこともいろいろあるのだと述べた。「デバイスを盲人にもアクセス可能にする作業をするときには、くだらないROI（投資収益率）なんか気にしない」。そしてこう追加した。「ROIだけを考えて物事をやってほしいなら、弊社の株は手放したほうがいい」[18]。

アメリカでは、ビジネス判断ルールにより重役や経営会議は会社の追求すべき目標について広い裁量の余地が与えられている――そうした動機が利益背反にならず、みんなが筋のとおった決断を下すためにそれなりの努力をしていれば。さらに、三〇州では企業が株主以外の利益も考慮してよいと明示的に定める法律を可決している。アメリカ法律協会は、マネージャーたちが従業員、納入業者、コミュニティなどを「倫理にもとる形で」害する行いを避けるため、利潤を犠牲にする裁量の余地を持つと述べている。[19]

利潤最大化の根拠は基本的に実務的なものだ。単純で明確で、便利な基準だ――競争市場で、しっかりした法制度のある環境で活動する企業での日常判断については。こうした状況では、長期利潤や収益を元に考えるのは、社会のリソースを最高の使い方にまわす重要な方法となる。競争市場では、大きな利潤は生存と成功にとって決定的と成り得る。

だが大きな収益を得るという重要な責務は、人間としての根本的な責務を超えたり、置きかえたりするものではない。そしてマネージャーたちは、経済的責務をそうした義務を無視するための口実に使わないよう注意が必要だ。だからこそ、グレー領域問題に直面して自分の基本的責務を理解したければ、経済をしっかり見据えつつ、経済性を超えた見方をすべきなのだ。

ステークホルダーを超えた見方をしよう

ステークホルダーへの責務という観点から考えるのはどうだろう？　これは株主収益への狭い注目に伝統的に代わるものとされる。この見方によれば、重要な決断を下すときには株主だけでなく、外部集団の利益にも対応しなくてはならないと述べる。[20] 典型的に、そうした集団というのはその組織の顧客やクライアント、従業員、納入業者、政府規制当局、その組織が運営しているコミュニティなどだ。

ステークホルダー分析は、マネージャーが基本的責務を把握する正しい方法だろうか？　答は条件つきのノーだ。ステークホルダーの観点は有意義で重要だ。利潤だけへの狭い注目に対する、強力で実務的な治療薬だ。ステークホルダーは、マネージャーたちに、自分のやることに利害関係を持つすべての集団について、慎重に責任ある形で戦略的に考えるよう促してくれる。それはまたマネージャーたちに、こうした集団との関係を管理するためのしっかりした計画をたてるよう促す。だがステークホルダー分析は二つ、深刻な問題を持つ。

まず、あまりに一般的すぎる。ステークホルダーたちに対する自分の責務に注目しろと告げても、あまり役にはたたない。どの集団が最大の優先度を持つか、マネージャーや企業がそうした優先度の高い集団にどんな責務を持つのかは教えてくれない。

ステークホルダー分析は、正しい方向は教えてくれる――重要な外部集団もしっかり見て、その利害や力や、自分が彼らに対して持つ責任をよく考えろと述べる。でも本当に重要なのがどんな利害か、だれの利害かは教えてくれない。

第二の問題は、ステークホルダー分析が一般的だから、深刻な誘惑を生み出すということだ。その誘惑とは、大きくて確立したお馴染みの集団、特に政治的、経済的な影響力を持つ集団に注目してしまうことだ。これはステークホルダー分析の教科書的なやり方ではないが、現実世界では生じる危険性だ。このリスクは映画『カサブランカ』の古典的な一節に表現されている。「いつもの怪しい連中どもをしょっ引いてこい」[*21]。アーロン・フォイアースタインも、この罠に陥ったのかもしれない。自分と仕事上の関係を持つ、目に見えるお馴染みのステークホルダーたちの目先の利益にばかり注目しすぎたために、彼らへの長期的な責務を考え損ねてしまったのだった。マルデンミルズ社での現在の労働者については考慮したが、それは短期についてだけだった。フォイアースタインが考え直してマルデンミルズ社をリストラし、長年にわたり持続可能な雇用を提供すれば、長期的には利益を得た人々もいただろう。でも、そうした労働者――マルデンミルズ社の労働者だけでなく、アメリカの他の労働者や世界中の労働者すら――を代表した人はいなかった。

確立した集団にばかり注目することで、マネージャーたちは長期的な機会を見すごすかもしれない。また周縁に追いやられ、政治的な力を欠く集団への深刻な責務も見過ごすかもしれない。そしてまた、未来を形成するより過去を維持したい集団にばかり奉仕することになりかねない。最近のある本の題名――『未来とその敵』（訳注：未来はイノベーションにより改善するが既得権益の保有者がそれを阻止すると論じた本）――はこの問題を露わにしている。その基本的な問いとは、だれが未来を代弁するのか、というものだ。小さい集団や、まだ形成されていない集団の利益はだれが代弁するのか？[*22] 既存産業や企業は、世界の政治の中心地に多くの友人たちを持つ。新しい新興企業には、そうした存在がいないのが普通だ。[*23]

ありがたいことに、ジム・マレンはステークホルダー分析の危険は回避した。タイサブリをめぐる彼の判断に利害関係を持つ集団は実にさまざまだった。するとマレンは「いつもの怪しい連中どもをしょっ引いて」きて自社の株主、従業員、地元コミュニティ、患者、意思、各国の規制当局の利益に奉仕するような計画を立案すべきだったのか？ それとも単一の集団、つまりいまタイサブリを接種している患者たちに対する自分の責務だけに集中すべきだったのか？ マレンはバイオジェン社のステークホルダー集団を無視はしなかった。でもタイサブリ患者に対する明確で根本的な人間的責務に大きく専念した。この責務が、自社に対して何かの利害関係を持つ他の集団への責務を圧倒したのだった。

道徳的想像力を覚醒させよう

あるグレー領域問題に直面したら、自分の中核的な人間的責務が何か、どうすればわかるだろうか？ そしてそれがその具体的な場面で何を意味するか、どうやってつきとめればよいだろうか？ 答は一言で、自分の道徳的想像力に頼れ、というものだ。

道徳的想像力という発想は近年はあまり馴染みがないが、長く立派な伝統を持っている。最も単純な形では、道徳的想像力とは一種の声だ。ある状況で、それはときに緊急性を持って、何かが深刻におかしく、それが無視できず、何か行動しなくてはいけないと告げる。トルーマンは「あれだけの子供を殺すと思うと耐えられない」と述べ、それ以上の原爆使用を制限したとき、道徳的想像力を行使していたのだ。

具体的な形で道徳的想像力が何を意味するか見るには、第一章で見た古参従業員の業績がひどく低下した話をめぐるグレー領域決断を思い出そう。あの状況は実際の出来事を元にしたものなので、この従業員をキャシー・トンプソンとよび、その上司をアリーシャ・ウィルソンとよぼう。ウィルソンがいっしょに働き監督しているマネージャーたちは、トンプソンに大いに不満だった。ほとんどはこの状況を人事部に任せたがったし、トンプソンをクビにしたがっていた。ウィルソンは絶対にそんなことをしたくはなかった。この助手が深刻な身体的、感情的な問題に苦しんでいるのだと感じていた。ある時点でウィルソンはこう言った。「キャシーがホームレスになってしまうのではと本気で怖れていたんです」。

ウィルソンがこの発言をしたとき、彼女は道徳的想像力の告げることを述べていたわけだ。ウィルソンは、長年トンプソンと働いてきた自分とその管理職チームは、彼女に対して特別な配慮と特別な扱いをする義務があると述べていた。ウィルソンは、自分たちには人間として、トンプソンを人事部に任せてクビにし、退職手当と紹介状を提供するより深刻な責務があると信じ、感じていたのだ。

二世紀以上前に、イギリスの政治家兼歴史家にして哲学者エドマンド・バークは、道徳的想像力の古典的な定義を行った。それは「心が信じ、理性が正当化する」状況への反応だ[*24]。バークの表現はまさに、キャシー・トンプソンの状況に対するアリーシャ・ウィルソンの反応を表している。それは感情と思考、心と頭の融合だ。ウィルソンの心――その人間としての直感的な反応――は、自分が他の個人の厚生について大きな責任を持つと告げていた。トンプソンが「ホームレスになる」見通しを怖れていた。ウィルソンはそれが本当に起こりそうな可能性だと理解していた。自分の助手の問題があまりに深刻そうだったからだ。ウィルソンは、自分とその下のマネージャーたちが、人間として、古参従業員というだけでなく友人でもあるトンプソンに対して特別な責務があると思ったのだ。バークの言葉を借りると、ウィルソンの理解は、彼女の心が信じたものを正当化したのだ。

どういった事柄が道徳的想像力の引き金となるだろうか？　この問いに対する包括的な答えはないが、多くの場合、アリーシャ・ウィルソンとジム・マレンに関するもののように、2つの基本的な人間的責務がかかっている。

最初のものは、無用な危険、苦痛、苦しみなしに生きるという基本的な人間的権利だ。この権利の優位性は明らかだ。根底では、その根拠は政治的文書や哲学的議論とはまったく関係ない。むしろそれは人文的な観点に立ったものだ――つまり、ある種のものはまちがっていて、それが同じ人間たちに起こるのを防ぐよう必死で努力するように義務づけられていると我々に告げる、人間体験の広く共感的な理解に基づいているのだ。

そうしたある種のものとは何だろうか？　現代の重要な道徳哲学者スチュアート・ハンプシャーはこう書いている。「人間体験の大きな悪について、『主観的』だったり文化依存だったりするものは何もなく、あらゆる時代にあらゆる歴史文献やあらゆる悲劇やフィクションで裏付けられている。殺人、生命の破壊、収監、奴隷化、飢餓、貧困、肉体的な苦痛と拷問、ホームレス、友人のない状態だ。こうした大きな邪悪を避けるべきだというのは、あらゆる時代にあらゆる場所での道徳的議論の不変の前提となる」[*25]。言い換えると、人は皆、人生を奪われたり破壊されたりしない根本的な権利を持っている。これはつまり、マネージャーたちには他人の生活を破壊したりそれを危険に曝したりしないという深遠な人間的責務があるということだ。

もう一つ、道徳的想像力の引き金となりがちなのは、人々が人間として与えられるべき敬意と尊厳をもって扱われない状況に関するものだ[*26]。この責務は、すでに見た通り、世界中の宗教的伝統に深く根ざしている。それはまた、民主主義の根本的な発想にも埋め込まれている。つまり万人が価値を持ち、みんな同じ価値を持つという発想だ。

この二つの深い責務のどちらも、厳密に、完全に記述はできない。そうしたものへの信念を義務づけるような、鉄壁の哲学的議論はない。だがどちらの事実も、こうした責務を無視したり、自分の組織の経済性といった別のものでそれを置きかえる許可をマネージャーたちに与えるものではない。実は、こうした二つの基本的な人間的責務がオープンエンドだから、マネージャーたちは個別状況でそれらが何を求めているかについて、もっと頑張って慎重に考える必要がある。

タイサブリの状況は、こうした努力がなぜ重要か示している。マレンの決断は、これまで見たように、同じ人間のうちだれが本当に必要としている薬を手に入れ、いつ手に入れられるかを決める。だれが苦しみ、だれが生きるか死ぬかを彼が決めていた。このためマレンには、患者の健康に専念するという明確で圧倒的な責務が生じた。この責務は、バイオジェン・アイデック社の株主など他のあらゆるステークホルダー集団に対する義務より優先されるものだった。タイサブリを摂取している患者はまた、尊厳と敬意をもって扱われる権利があった。これはつまり、マレンとバイオジェン・アイデック社は彼らに、タイサブリの便益とリスクについて、彼と同社にわかる限りの真実を告げる義務があったということだ。

障壁を攻撃しよう

「道徳的想像力に頼れ」と言うは易し。でも実際には、これは自発的にできることではないし、厳しいプレッシャーの下だと、まったく不可能かもしれない。だからこそプロセスが本当に重要なのだ――ちょうど、純・純影響を評価しているときと同じように、道徳的想像力を目覚め刺せるには、二つのステップが必要だ。最初は、これを行う障害を認識すること。二番目は、自分の道徳的想像力が語っていることを把握するために、自分自身でも他人といっしょにでも、積極的に活動することだ。

その障害とは何で、どのくらい深刻なのだろうか？　答は驚くような人物からやってくる。偉大な古典経済学者アダム・スミスだ。アダム・スミスは、いくつか根本的な経済原理、たとえば市場の「見えざる手」などを提唱したことで有名だが、彼は実は人文思想家でもあった。その最も有名な著書は経済学論考『国富論』だが、スミス個人の哲学を最も正真に述べたのは、『道徳感情論』という人間心理研究だった。[*27]

ある章でスミスは、はるか遠くの大惨事の報道に対して、人々が通常はどう反応するか論じている。驚かされるのは、二〇〇年前の彼の記述が、世界のどこかですさまじい人間悲劇が起きたときの今日の我々の反応を、いかに正確に描き出しているかということだ。スミスは、中国を壊滅させる地震を想像している。そして、ヨーロッパのだれかが即座にどう反応するかをスミスは素描する。この人物は「私が思うに、まずはその不幸な人々を見舞った不運に対して、大いなる悲しみを強く表明するだろう。人生の危うさについて多くの悲しげな思弁を行い、一瞬でこのように消え去りかねない人間の活動すべての虚しさをあれこれ述べるだろう」[*28]。

こうした反応は、スミスによれば、数分は続くが、その次にこの心優しきヨーロッパ人はどうするだろうか？　スミスはこう書く。「こうしたご立派な哲学がすべて終わり、こうした人道的感情がひとたびうまく表現されたら、その人は自分の商売や楽しみを追及し、まるでそんな災害など起こらなかったかのように、まったく平然と容易に、休憩を取ったり気晴らしをしたりするのだ」。[*29] 人間の状態についての鋭い観察者だったアダム・スミスが示してくれるのは、道徳的想像力が中国の人々に対する同情でいっぱいになっても、すぐにそれが引いてしまうというあまりにお馴染みの状況だ。

なぜ我々の道徳的想像力は脆くはかないものになってしまうのだろうか？　マネージャーたちにとって一つの要因は、単に忙しいということだ。マネージャーたちは、要するに問題を次々に運んでくるベルトコンベアで働いているようなものだ。大きな問題もあれば小さな問題もあり多くはややこしく複雑で、ほとんどはすばやく対応しなくてはならない——次の問題や課題に取り組めるように。組織のルーチン作業も障壁だ。しばしば、我々は真面目に考えず、単にお馴染みで、何度もやっていて、報酬の出ることしかやらない。キャシー・トンプソンの状況では、標準的な運用上の手順は彼女のファイルを人事部に送ることだった。

別の障害は、意外なものだが、成功だ。何年も前に、ある重役がニューヨークでの自分のキャリアを振り返った。駆け出しの頃は給料も低く、通勤はバスだった。後に郊外に引っ越して車で通勤した。キャリアの頂点では、リムジン通勤で、摩天楼のてっぺんにある角の立派なオフィスまで、重役専用エレベーターで通った。後に気がついたことだが、昇進ごとに彼は他の多くの人々の生活体験から遠ざかることになったのだった。一歩昇進するごとに、もっと強力で成功した人物になった一方で、孤立した井の中の蛙になっていったのだ。

　残念ながら、道徳的想像力への障壁はさらに深い。それは忙しさ、定型作業、麻痺させるような成功だけでなく、人間性そのものも含む。人間は部族的な生物として進化した。「自分たちとあいつら」、内部の者と部外者とを区別するし、その区別の理由も実につまらないものだったりする。人は直感的に仲間を守る。結果として、道徳的想像力は目隠し状態で機能する。近年で最も影響力ある生物学者の一人、E・O・ウィルソンはこう書いている。「現代生物学の文脈でいまや言えるのは、我々の血みどろの性質が埋め込まれているのは、人間をいまのような存在にしてきた主要な駆動力が、集団対集団というものだったからだということだ[*30]」。この傾向は、人々の道徳的な想像力を歪めるし、それだからこそアダム・スミスの想像上のヨーロッパ人が中国の災厄に対してすぐ関心を失ったのかもしれない。

自分がされて嫌なことを考えよう

　ならば、難しいグレー領域問題に直面していて、基本的な人間的責務を無視したくない場合、こうしたさまざまな障壁とどう対処すべきだろうか？　難しいのは自分を「他の連中」として見ることだ——部外者や被害者として見て、内部の人間、意志決定者、支配的な手段として見ないことだ。そしてもっと難しい問題は、「他の連中」の体験を、人間としての自分の中核的な責務を赤裸々に浮き彫りにする形で把握し、感じることだ。

これをやる実務的な方法は、数ヶ月かけてとても古い問題に応えようとすることだ。これは古代ヘブライ哲学者兼神学者ヒレルが述べたものだ。彼は、一つだけ条件をつけてユダヤ教に改宗しようとしている人物と話をした。その条件とは、ヒレルが片足で立っていられる時間の間に、トーラ（きわめて長大なユダヤ教の戒律集）をすべて自分に説明してくれる、というものだった。ヒレルはこの挑戦に簡単に勝った。単純にこう言ったのだ。「自分がされて嫌なことを隣人に行うな。これがトーラのすべてだ。残りはその註釈でしかない。さあ行ってそれを学びなさい[*31]」。

ここでの衝撃的な言葉は「嫌なこと」だ。ヒレルは、自分が別の人間の立場なら、深く本当に何を気にするかに注目しろと言っている。実務的には、これは自分の行う決断により最も大きな影響を受ける人々の一人だったら何を感じて考えるかについて、自分や他人に尋ねる方法を探せということだ。この弱い立場に置かれたのが、両親や子供や愛する者だったら、自分はどう反応するかを想像してみよう。自分が多発性硬化症やPMLの患者だったら？　何を感じて考えるだろうか？　緊急に求めるものは何だろう？　自分の子供や両親のだれかが多発性硬化症にかかっていたら？　あるいはPMLになりかねなかったら？　ジム・マレンとその会社は、あなたやその愛する者たちに対してどんな基本的責務を持つと思うだろうか？

ヒレルの指示をもっとお馴染みの形で述べたのは、黄金則と呼ばれるものだ。「自分が他人にして欲しいように他人に対してふるまえ[*32]」。西洋では、ほとんどの人はこれをキリスト教の教えだと考えており、おかげでこれはときどき、一部の教会における説教で使われる。でもこの見方はヒレルが我々に考えるよう求めている問題のすべての力を捕らえ損ねている。黄金則は、キリスト教だけの教えではない。この変種はほとんどあらゆる主要宗教で見られる。黄金則は、重要な道徳理論の基盤の一部だと論じた哲学者もいる。*33 そして日常的な道徳ガイドの中にもその残響を聞き取るのは簡単だ——たとえばアメリカ先住民の奨めは「他人の立場になってしばらく歩いてみろ」という。黄金則を、ほとんど普遍的な人文的洞察として見ずに、日曜の説教として軽視するのは深刻なまちがいだ。道徳的想像力は、基本的にはその世俗版だ。そしてヒレルの述べたもの——自分が何を嫌なことだと思うかと問うもの——は鋭い刃を持っている。この質問が二〇〇〇年にわたり伝わってきたのは、それが我々の中で眠る道徳的想像力を刺激するからだ。それは、ある具体的な状況で中核的な人間の責務に何が求められるかを理解する手段として、他人の体験について想像力豊かで共感的に考えるよう促す。

この質問を問うのは有益ながら、それでも自分自身の道徳的想像力を目覚めさせるのはなお難しい。これまた、プロセス——正しい形で、他人と共に、他人を使って働くこと——がとても重要な理由となる。だからこそ、グレー領域問題に取り組むマネージャーやチームが、組織的な壁を脱出して、決断により生活や暮らしが影響を受ける人々や、そうした体験を直接的で、具体的で、力強い形で代弁できる人々から直接話を聞くのがことさら重要となる。これをやる方法をみつけられなければ、前章で述べたヨシフ・スターリンの主張に知らず知らずのうちに加担し、個人の苦しみや悲劇に対して態度を硬化させ、統計的な総数にばかり注目するようになりかねない。

別のアプローチは、だれかに部外者や被害者の役割を演じてもらい、しかもできるだけ鮮烈で説得力ある形でそれをやってもらうことで、みんなが少なくとも、グレー領域の決断で影響を受ける人々の緊急で基本的なニーズの何らかのバージョンを耳にするように手配することだ。このアプローチはしばしば、あらゆる会議に「野蛮人」が必ずいるようにする、と表現される。つまり決まりのわるい真実を、明瞭かつ強力に述べる人物ということだ。[*34] キャシー・トンプソンに関する状況では、アリーシャ・ウィルソンが自分でこの役割を果たし、自分の部下のマネージャーたちに、トンプソンが失職したらひどい影響が出てホームレスになりかねないと述べたわけだ。

こうした戦術はどれも、二番目の質問を真面目に考える手法だ。経済性や株主や、ステークホルダーを超えた見方をして、道徳的想像力を目覚めさせる手段だ。二番目の質問は、要するにこう告げている。社会的地位や組織内の立場で、基本的な人間の責務から逃れられるとは思うな。自分の関心や経験、判断、世界観にとらわれるな。自己中心的な牢獄から逃れるために手を尽くせ。もし自分がその人物だったら、どんなふうに感じ、本当に何を求め必要とするかについて、自分自身でも、他人といっしょでも、想像してみるように頑張れ。

よい出発点

これで二つの根本的な人文主義的質問を見てきた。一つは影響に注目し、一つは責務に注目するものだ。そして、それらを使うための実務的なガイドも見てきた。これでグレー領域問題にどのくらい役立つだろうか？　答は、実に多くの進歩をとげてきた——が、もっとやるべきことはある、というものだ。

いまや有益な枠組みの基礎が得られた。最初の二つの質問は要するに、グレー領域問題に直面したらせっかちに話を進めるな、と述べる。むしろ時間をかけて他の人々とともに作業し、自分で考えろという。目の前の選択肢のあらゆる結果をすべて把握しようと頑張ろう。そして人間としての基本的な責務について、頑張って想像力豊かに、具体的に考えるために時間をかけよう。

こうした質問がどれだけ有益かを理解するには、本当に難しい問題について、これらがいかに決定的なトレードオフに直結するか考えるとよい。たとえば、政府は私的な電話やインターネット通信を監視すべきか？　監視支持者は、影響を重視する。ひどいテロ活動を防止したいのだ。監視反対派は、権利を重視する。プライバシーの権利だ。アメリカの銃規制論争も同じ線で分かれる。規制強化論者は、まちがった人々が銃を得たときに無実の人が受ける影響を強調する。規制反対論者は、法を遵守する市民に憲法で認められた権利を重視する。

最初の二つの質問は、トルーマン大統領の原爆使用に関する決断のような、偉大な歴史的決断の核心に切り込むものだ。彼の恐ろしいトレードオフは、原爆を二つ落とすことで連合軍の兵士の命を救うことと、無実の子供たちの命を救うことの間のものだった。歴史学者は今でも、トルーマンがこのトレードオフを正しく理解したか論争を続けている。戦争はどのみち終わりかけていて、原爆など必要なかったのかもしれない。原爆一発でも、日本は降伏したかもしれない。いずれにしても、人文主義的枠組みにおける最初の二つの質問は、トルーマンの状況についての根本的な特徴を明らかにしている。

こうした例はすべて、最初の二つの人文主義的質問が、複雑で議論の分かれる問題を切り分け、グレー領域状況における基本的なトレードオフを明らかにできることを示している。両者をあわせて使うと、この二つの問題はもっと多くのことを実現できる――というのもときには、この両者は漏斗として機能するからだ。つまり、望ましくない影響を持つ選択肢や、基本的な責務に反する選択肢を除外することで、本当に検討すべき選択肢の範囲を減らすのに役立つからだ。[*35]

だがグレー領域問題では、トレードオフをはっきりさせる以上のものが必要だ。選択肢をいくつか減らす以上のこともしなければならない。重要な問題は、どの選択肢や計画を実行すべきかということだ。しかも、つかいものになる計画が要る。チームや部局や組織すべてをグレー領域の中で、責任ある形で成功裏に動かすような計画だ。これはつまり、実務的な視点を採るということだ。この実務的視点というのが本当に何なのかを理解するためには、時代を超えた別の思想と、別の重要な――そして意外な――人文思想家に目を向けよう。ニコロ・マキャベリだ。

第4章

ありのままの世界では何がうまくいくだろうか？

ジョルジュ・フレデリック・ドリオットは驚くべき人物だ。生まれはフランスで、アメリカ市民になり、ハーバードビジネススクールで教え、第二次世界大戦ではアメリカ陸軍の准将となり軍事計画に従事して、それからアメリカンリサーチ&デベロップメント社を創業した。これはアメリカ初の重要なベンチャーキャピタル企業で、ドリオットは「ベンチャー資本の父」と広く認識されている。[*1] また、その実務的な知恵も有名だった。たとえばドリオットはしばしばマネージャーたちにこんな助言をした。凄い戦略にほどほどの行動計画が伴うものと、ほどほどの戦略に凄い行動計画が伴ったものとがあったら、後者を選ぶように、というのだ。[*2]

要するに、ドリオットにとって重要なのは、うまく実施できるものなのだ。

彼はかつてこう述べた。「行動なくしては、世界はいまだに思いつきのままだ」[*3]。こうした考え方が、三つめの重要な問題における基本的な想定となる。それはこういう質問だ。「ありのままの世界では何がうまくいくだろうか？」

そしてもちろん、これはマネージャーにとっては意外でも何でもない質問だ――ただし最初の一節「ありのままの世界では」というのを除けば。これはニコロ・マキャベリの台詞だ。それは、難しい決断に直面した指導者は、何よりも現実主義と実務主義に徹すべきであり、理想主義的な発想で思考を歪めてはいけない、という彼なりの表現なのだ。

難しい決断についての人文主義的観点として、マキャベリはずいぶん奇妙な選択に思えるかもしれない。彼は確かに人文主義者だったが、その思想はひどく悪評を買っている。マキャベリはルネサンス後期にフィレンツェに暮らし、政府高官としてメディチ家に仕えたから、政治やリーダーシップを内部から理解していた。また有力な著述家でもあり、政治的リーダーシップに関する手引き書『君主論』で有名だ。これはいまだに広く読まれ、論じられている――そして罵倒されている。

マキャベリはまた、正当な評価かどうかはさておき、目的は手段を正当化すると言ったことで知られ、またその手段はウソ、裏切り、毒殺や暗殺も含まれると信じていたとされる。イギリスの歴史学者トマス・バビントン・マコーレーはマキャベリ思想に関する記述の冒頭にこんな警告を置いた。「これから検討しようとする人物の人柄と著作ほど、一般に憎まれている人物は、文芸史上で他にないのではないかと思う」[*4]。

ならばマキャベリは、ジョン・スチュワート・ミルや孔子、アリストテレス、トマス・ジェファソンと並んで言及されるべきなのだろうか？　歴史的なまでの堕落者が、有効で責任ある決断の導き役になれるはずがあろうか？　こうした質問は実に深刻に思える――ただしそこで考えてほしい。もしマキャベリが、人は小ずるく立ち回れば人生で成功できるというだけしか述べていないなら、今日までマキャベリの名が伝わったりするだろうか？　この程度の洞察であれば、五〇〇年もの名声にはとても値しないはずだ。あらゆる古代文明――ギリシャもローマも中国も――は、権力亡者で頭はよいが不道徳な連中は、人生でかなり成功できることを知っていた。今でもほとんどの人は、賢さも努力もツキもそこそこでしかないのに、平気でインチキをしたり、もっとひどいことをしたおかげで成功した人を何人かは知っているはずだ。

マキャベリは、もう少し何かを語っていたはずだ。そうでなければ、そのガイドが何世紀も生き延びたはずはない。では、権力、意思決定、責任についての長い対話の中で、マキャベリの声は何を貢献してくれるのだろうか？　そして、グレー領域問題に取り組むマネージャーに、どんな助言を与えてくれるのだろうか？

ありのままの世界

この質問への基本的な答は、マキャベリの考えによれば、重要な責任を負っているなら、世界を自分の願望に従って見るという罠にはまるなということだ。目を大きく開いて、ありのままの世界を見なければならない。これはつまり、マキャベリはこれまでの二つの章でのガイドに頼るなと言っていることになる。それらは楽観的でおめでたいからだ。[*5] 最初の質問は、万人にとって最高のことをやりなさいと言う。二つめは、基本的な責務にだけ専念しなさいと言う。美徳あふれる安定した予想可能な世界では、こうした考えは結構だが、でも現実の世界はそうではない。

我々のいまの世界は、マキャベリに言わせると、三つの特徴を持つ。まず第一に、予測不可能だ。しっかりした計画がひどい結果に終わり、ひどい計画がときにはうまくいく。第二に、世界はしばしばとても厳しい場所だ。起こることの大半は、とにかくこちらには左右できない。指導者たちはしばしば自由度がわずかしかなく、リソースも限られ、厳しくときに苦しい選択を逃れられない。第三に、ありのままの世界は危険で災厄に満ちている。それは自分なりの利益を追求する個人や集団に大きく形成されているからで、その形成能力もときには非常に下手くそで、ときにはきわめて先鋭的な戦略技能が使われたりする。ありのままの世界では、マキャベリの警告によると「どんな条件下にあっても善意たろうと固執する人物は、かくも多くのまちがいなく善良ではない人々の間で破壊されてしまう」。[*6]

これは恐ろしい図式だが、ほとんどのマネージャーが経験した状況をあらわしている。たとえば数年前に、オンライン商店の二七歳のマネージャーが上司から、ある部下についての業績評価書を書き換えるよう圧力を受けていた。このベッキー・フリードマンというマネージャーは、オンライン衣服販売を扱う、きわめて生産的な一四人の小集団を管理していた。このチームは厳しい業績圧力にさらされていたが、その一人テリー・フレッチャーは応分の働きをしていなかった。

フレッチャーは、企業が急成長して見通しが明るかったときに雇われた。何人かの重役の友人で、その数人にスキューバダイビングを教えていた人物だった。フレッチャーは入社面接でひどい成績だったが、それでもコネで雇われたのだ。フリードマンの前任者は、同社の五点満点の業績評価で、三・五点をつけていた。これは一応、彼がしっかりやっているという意味のはずだが、おそらくは元上司がお手盛りしていたということだろう。

フリードマンがやってくると、彼女はフレッチャーに、技能を改善させて部門に貢献するための機会を何度か与えたが、何もモノにならなかった。他のチームメンバーの大半は、高度なソフトウェア能力や、豊かな業界経験を持っており、そのいずれもフレッチャーがすぐに身につけるのは不可能だった。

フリードマンはフレッチャーに、彼女から見て正当だと思った業績評価をつけることにした。それは二・五だ。そして彼女はフレッチャーをＰＩＰ、通称「業績改善計画」の対象者にした。多くの企業がＰＩＰを使うが、フリードマンの会社はこれを、従業員を首にするための処分手段として使っていた。フレッチャーの仕事は今後六ヶ月にわたり厳しく精査される。一つでもその間にまちがいをすればクビだ。二・五の評価にPIPが伴えば、基本的には組織の中で死刑宣告に等しい。

フリードマンの仮評価を聞いて、副社長のうち二人が訪ねてきた。後に彼女が語ったところでは、副社長たちは「いったいどうなってるんだ？」「この評価は確かなのか？　これまでフレッチャーは三・五をもらってたぞ」「自分が何をやってるかわかってるんだろうな？」と尋ねられたそうだ。フレッチャーはとにかくこの仕事をやるだけの能力がないのだとフリードマンが告げると、二人は真の問題は彼女のマネジメント能力であって、フレッチャーの経歴ではないかもしれないと示唆した。会議の後で、フリードマンは自分の状況がまちがいなくきわめて重い政治的な意味合いを持っていると理解した。

他にも懸念はあった。フレッチャーは彼女より一五歳も年上なので、この関係自体がぎこちなかった。後に彼女が語ったところでは「フレッチャーはとにかく、あまり安定していないようでした。人生でいろいろなことがうまくいっていないようでした」。彼が車にライフル銃を持っているのは知っていた。ときには終業後や週末に、射撃に出かけることがあったからだ。フリードマンから見て、唯一のプラス要因は、フレッチャー自身が自分の業績評価を二・〇にしていて、自分でもあまりよい成績でないのを知っているということだけだった。

フリードマンの状況を知っても、マキャベリは驚かなかっただろう。彼女の会社は、高い業績基準と顧客ニーズへの専念に基づく能力主義を自称していた。この会社に入ったときにはそう言われたし、それを期待して入社したのだ。ところが実際には、組織内の数人の強力な人々が、自分自身や仲間たちにはお手盛りで、意趣返しに精を出し、他の従業員にもそれに加わるよう強要しているのだった。結果として、フリードマンとしてはフレッチャーに正当な評価を与えたくても、政治的な現実は反対の方向に向かえと告げているのがわかった。

要するに、グレー領域問題に直面するマネージャーたちへの三番目の質問は、自分が暮らして働く世界が予測不能で制約され、自分の利益ばかり追求する個人や集団によって歪められているのを知っているかと尋ねる。この質問はマネージャーたちに対し、この世界で必要なことをやる覚悟があるかと尋ねる――依存している人々の利害に奉仕しつつ、自分自身を守り自分自身の目的を達成するために必要なことができるか、と。

人間性、現実主義、プラグマティズム

三番目の質問は、最初の二つと同じで、容易に濫用できるし矮小化もされかねない。これから見るように、濫用というのはこの質問を、単細胞的な短期の自己利益追求の指示だと解釈することだ。この質問を矮小化するには、単純に疑念と不信を指示する各種のお馴染みの格言に還元してしまうことだ。たとえばマーク・トウェインは「万人は月であり、だれにも決して見

せない暗い側面を持つ」と書いている。[*7] その二〇〇〇年前、ローマの哲学者で、執政官で、法律家のマルクス・トゥッリウス・キケロはこう助言した。「いっしょに多くの塩をなめたのでない限りだれも信用するな」。[*8] またさまざまな人物によるとされる立派な格言として「耳にしたことは何も信じるな、目にしたことも半分は疑え」[*9] というものもある。これらは筋の通った物言いだが、第三の質問が考えるよう求めていることを伝えていない。これを把握するには、プラグマティズムの視点からのもっと深い水準での意味を理解する必要がある。

三番目の質問は、西洋でも東洋でも思想の伝統に深く根ざしている。実はこの視点の知的な根は、純・純影響と基本的な人間の責務という思想よりさらに深いかもしれない。根底のところで、この質問は人間性についてどう思うかを尋ねている。人間は基本的には善良なのか基本的には邪悪なのか？　マキャベリは生物学や進化については何も書いていないが、三番目の質問は――その最も深い部分で――この二つの科学分野の発見と一貫性を持つ。これまで見たように、人間という生物はある程度の協力的な本能を持って進化したかもしれず、それが一部の集団の生き残りを可能にしたかもしれないが、同時に我々は深く利己的だ。詩人アルフレッド・テニスンはこれを次の有名な一節で捕らえている。「自然は、歯と爪が赤い」[*10]。つまり、人は生来の協力者かもしれないが、生来の殺し屋でもあるのだ。あらゆる社会はボスザルの問題に直面する。人類学者によると、ボスザルとは獲得し、偉ぶり、支配し、征服したがる霊長類や人間だ。これと親戚の問題は、ほとんどあらゆる人間が持つ、自分自身の利益を追求し保護するという、生得的な傾向だ。[*11]

別の深い水準で、マキャベリの思想は偉大な宗教的伝統とも共鳴する。それも驚くような形でだ。彼の最も有名な『君主論』には基本的に神がいない。罪、神の戒律、救済などほとんど触れない。それでもマキャベリの人間観は、長期にわたる宗教的な見方と一貫性を持つ。それは人間を、どうにでも変わる、すぐに堕落する生物として見る見方だ。

たとえば旧約聖書の冒頭で、アダムとイブは神の戒律を破り、禁断の果実を食べる。その息子の一人カインは弟アベルを裏切り、だまし、殺す。そして聖書は次から次へと、個人や集団、傑出した指導者たちの短所、倒錯、裏切り、残虐行為を描く――それも、全知全能の神による明確なお触れや厳しい罰があるのに。他の宗教的伝統も、似たような見方をしている。たとえば、古代ヒンズー教の伝統には「このように人間の条件は、断片化、孤立、孤独の持続的な体験なのである。結果として社会的世界は犯罪と敵対的な紛争にあふれているのだ[*12]」。

古代の世俗文献も、同じ人間たち――そして自分自身――についての似たような見方を示している。有効なリーダーシップへの古典的な中国の指南書として最も有名かもしれないものは、およそ紀元前五〇〇年に書かれた『孫子』だ。著者孫子は哲学者だったので、基本的な質問について深く考えたが、同時に将軍でもあったので、リーダーシップの実務的な課題についても理解していた。孫子は他の軍事指導者に助言するために書いたが、アジアでも西洋でも、他の多くの分野における男女は、実務的な助言を求めて孫子に学んだ。

孫子は世界を戦場として見た。そこでは成功は先見の明と戦略、知略、適応性、心理的鋭さが必要だ。そこで彼は、マキャベリもうなずき、三番目の質問が強調する助言を与える。[*13] たとえば彼は読者にこう告げる。

きわめて細やかに、ほとんど無形なまでにあれ。きわめて謎めき、ほとんど無音になれ。それによって敵の命運を左右できる。あらゆる戦争は詐術に基づく。だから攻撃できるときには、できないふりをせよ。軍を使うときには、使わないふりをせよ。近いときは、敵に遠くにいると思わせよ。遠くにいるときには、敵に近くにいると思わせよ。（中略）ああ、巧妙さと秘密の聖なる技よ！[*14]

（訳注：『孫子』「計篇」冒頭近くの以下に対応すると思われるが、最初の部分の解釈が一般的なものとかなりちがう。以下、一般的な訳と原文はこちらになる。）

（原文：計利以聴、乃爲之勢、以佐其外、勢者因利而制權也、兵者詭道也、故能而示之不能、用而示之不用、近而示之遠、遠而示之近（中略）攻其無備、出其不意、此兵家之勢、不可先傳也）

（計略の有利さを理解してくれたら勢いが生じて役立つ。勢いとは状況にあわせた臨機応変の対応だ。戦争は詭道。できることもできないふりをし、必要なことも必要でないふりをする。近づいても遠く離れているかのように見せかけ、遠く離れているのに近づいたように見せかける。（中略）兵家の勝ち方は臨機応変だから、事前に伝えておくのは無理だ）

現代でも、最高の形の政府を考案しようとしたあらゆる実務的な思想家を見れば、似たような視点が見られる。彼らは透明性、抑制と均衡、対立する権力など、政府や支配者、政治家のやることを抑える各種の方法を支持する。マキャベリ的現実主義の精神で、彼らは我々を自分たち自身から守り、自分の政府から守ってくれる政府を設計しようとした。彼らは、利己性を抑圧しようなどとおめでたいことは考えなかった。単にそれを建設的に向けようとしただけだ。一七世紀イタリアの政治哲学者兼歴史学者ジャンバッティスタ・ヴィーコはこう書いている。「立法はありのままの人間を考え、それを人間社会におけるよい用途につけようとする。人類を一貫して流れる三つの悪徳、獰猛さ、貪欲、野心を通じて、法は軍、承認、統治階級を作り、これにより強さ、富、共和国の叡智を作り出す。こうした三つの大きな悪徳は、地上より全人類を破壊しかねないものだが、それを使って法は市民的な幸せを作り出すのだ[*15]」。

現代生物科学、偉大な宗教と政治の伝統、マキャベリの世界観を流れる底流は要するにこう言っている。「人間の本性を注意深く見て、ありのままの姿を理解し、自分をごまかすな。まわりの人々の一部は、利己的で、冷たく合理的で、戦略的だ。そうした人々は、自分のため、自分だけのためのかけひきをしていて、しかもそのかけひきのやり方を心得ているから危険だ。さらに利己性を追求しつつ、そのやり方が近視眼的でぎこちなく、下手くそな人々もいる。最後に、おおむねしっかりした人格を持ち、正しく筋の通ったことをやろうとする人々がいる。こうした各種の個人――ずる賢い者、無能で混乱した者、おおむねしっかりした市民――がみんな世の中にはいて、そこら中にいる。それが絶えず行動し、反応し、狙い、押し合い、操作し、企み、衝突している。それがありのままの世界だ」。

マキャベリの思想のすべての中で、最も深く最も挑戦的な主題は、身の回りすべての混乱、不確実性、危険が、組織内で厳しい決断を下す必要のある男女にとって、特別な倫理的責任を作り出す、というものかもしれない。彼らは人間性の厳しい現実に真っ向から直面しなくてはならないのだ。そうしなければ、失敗して自分に依存する万人を傷つける可能性がずっと高くなる。

哲学者スチュアート・ハンプシャーはこの考え方を簡潔かつ強力に述べている。「道徳的に無実の者の安全と、そうした者がそう自分なりの生活を送る自由は、権力を行使する指導者の明晰さにかかっている。もし指導者が弱すぎ、あまりに良心的で、経験が浅かったり、純粋すぎたりすれば、その無垢な善の追及は、どうやってもいずれは妨害される」[*16]。これはつまり、グレー領域問題に取り組むなら次のような質問に答えられねばならないということだ。「本当にうまくいく計画があるだろうか、それとも自分に依存している人々を失望させ、自分で自分の首を絞めるような結果になってしまうだろうか？」

マキャベリは、自分の生活の中に留まる限り、だれかがその教えを無視したところで気にはしないだろう。だが他人の生活や財産に対する責任を負ったら、世界をありのままに見て対処しなくてはならない——その世界とは、いろいろなことが起こるのだ。よいことも悪いことも、邪悪なことも高貴なことも、啓発的なことも軽蔑すべきことも、計画されたことも混沌としたことも。

実用ガイド：回復性試験

厳しいグレー領域の決断を下す必要があるとき、この世界観は——実務的で、地に足のついた意味で——何を意味するだろうか？　テリー・フレッチャーと上司からの圧力に対処する方法を必要としていたベッキー・フリードマンにとっては何を意味しただろう？　基本的な答は、グレー領域問題の解決方法について考えるとき、この質問を自分に投げかけるべきだということだ。「自分の計画はどれだけ回復力があるだろうか？　自分はどれだけ回復力があるだろうか？」

長期の試練を経てきた五つのステップが、こうした質問に答えるのに役立つ。それぞれのステップは世界とまわりの人々に関する目からウロコの現実主義、マキャベリが実に見事に述べた視点の長い伝統に根ざしている。

権力と利害の領域をマッピング

このガイドは、だれが何を、どのくらい強く求めていて、その人々にどのくらい権力があるかをしっかり考えろと述べる。好き嫌いを問わず、人は常に権力と利害関係の力場に囲まれている。この力場と、それが作り出す選択肢とリスクを理解しなくてはならない。そうすれば他の関係者の動きを予測しやすくなり、もっと有効な対応ができる。また、そうした可能性すべてに対して回復性を持つ計画を考案するにも役立つ。

権力と利害の地勢をマッピングしようとするとき、自分自身の利益についてもしっかり現実的に考えるのをお忘れなく。そうしないと、たぶん他のだれもそれを考慮してくれない。マネジメントは殉教者の仕事ではない。長期的な貢献をしたいなら、短期で生き延びねばならない。プレーヤーとしてテーブルについていなければ、ゲームに影響力を持てない。マキャベリはこれを理解して身もふたもなく述べている。「社会の中で地位を持たない人間には犬すら吠えない」。[*17]

ベッキー・フリードマンの状況だと、この分析は何の困難もない。個人的には、自分の仕事が好きでそのまま働きたかった。だが上司はフレッチャーの業績評価を下げたくなかったので、彼女やそのチームの人生をさまざまな方法で惨めにできた。最悪の場合には、彼女を会社から追い出すこともできたのだ。

ジム・マレンもまた権力と利害の力場に囲まれていたが、状況ははるかに複雑だった。たとえばその一要素だけでも考えて見よう。アメリカ食品医薬品局（ＦＤＡ）だ。この機関はマレンがタイサブリをどうする場合でも重要な役目を果たし、バイオジェン・アイデック社の事業のほぼあらゆる側面を規制していた。原則的には、ＦＤＡは中立的で、独立で、科学に基づく医薬品の審判だ。現実には、それはきわめて複雑で金銭的、政治的な影響も大きいせめぎ合いの中の一プレーヤーでもあった。ＦＤＡは、力が強く組織力もある敵を持っている。一部の批判者は、ＦＤＡが有望な新薬について慎重すぎると考えている。あるいは、大製薬会社の手下だと思っている人もいる。タイサブリ問題の時期、ＦＤＡは何百人もの死と深刻な心肺問題を引き起こした鎮痛剤ヴィオックス承認とその恥ずかしい撤回からまだ立ち直っていなかった。だから機関として信頼性を急いで回復する必要があった。

さらにマレンは、ＦＤＡが多発性硬化症患者、その家族、立法者、医師など、タイサブリを提供させ続けてほしい人々にいずれは圧倒されてしまうのを知っていた。こうした人々は、強力で心動かされる主張ができる。多発性硬化症の患者たちはすぐにでも、もっとよい治療法を必要としていたからだ。投資家、競合他社、重要な従業員などの集団も、マレンがやることすべてについて強い利害を有していたから、彼の動きはきわめて複雑なチェス盤の上で展開されることになる。

こうした状況では、権力を理解するというのは、ときには自分や他の人々が使える実力――「ハード」パワー――を正確に見るということだったりする。フリードマンの場合、上司たちが自分を首にしたり会社から追い出したりできると彼女は思っていた。マレンの場合、ハードパワーはFDAのような規制当局が企業にとっての状況を厳しくする各種の手法のことだ。[*18] だがほとんどの場合、高度な関係者は主に「ソフト」パワーに頼る。さりげなく、目につかない形で活動するのだ。脅すよりは、示唆したりほのめかしたりする。感情や圧力、示唆を動員する。ソフトパワーはときに、ビロードの手袋の中に隠された鎖かたびらつきのげんこつをちょっと覗かせたりすることもあるが、それを使う人々は通常、自分の利益を他の形で促進したがる。

こうした検討事項は、グレー領域問題と取り組むためにどんなプロセスを作ろうとも、最初から重要となる。だれがプロセスに参加すべきか決める前に、その人たちの狙いは何で、どれだけの影響力を持つかを理解しなければならない。だから最初の実用ガイドが述べるのは、他の関係者の権力や利害について現実的、政治的、狡猾に考えるために、かなりの時間と思考と想像力を割け、ということだ。これであなたも、あなたの計画も回復力が高まる――自分が活動しているのが地雷原か、地雷の一部がどこに埋まっているかを教えてくれるのだ。

慎み深く、柔軟かつ日和見的に

二つ目のガイドは、複雑で危険な政治領域を動くときに最も有用な心構えを述べる。マキャベリはしばしば皮肉屋と思われるが、実はちがう。いつも皮肉な人々はときどきは正しいが、それは止まった時計でも一日二回は正しいというのと同じ理由からだ。だが彼らはいつも、過度に被害妄想的で身をすくめてばかりいて、悲惨な事態ばかりを待っている。止まった時計式の楽観主義者も同じ問題を持つ。ときには彼らはまったく正しく、物事が見事にはかどるときもある。でも彼らが自信たっぷりに壁にぶつかったり、ポケットの中身を摺られたりすることもあるのだ。

ありのままの世界で何がうまくいくかを理解するというのは、慎重に、柔軟に、日和見主義的に考えるということだ。回復力を持つためには、適応し、ハンドルを切り、己を保って、どんな災害や機会に対してもうまく対処しなくてはならない。将来の出来事は権力と利害のベクトルを足しあわせて計算できるものではない。偶然も作用する――それもときには盛大に。そしてとても複雑で予想のつかない相互作用も効いてくる。だから謙虚になって、自分がどれだけ理解しコントロールできるかについては、少し控えめに見積もるほうがいい。三番目の質問の背後にある知恵は、ルネサンスのエッセイスト、ミシェル・ド・モンテーニュがまとめて自分のネックレスに彫り込んでいたものだ。そこにはあっさりこうあった。「私が何を知っているというのか？*19」

キャシー・トンプソンに対応しているマネージャーたちは、彼女の真の問題が何なのかまったく知らなかった。ジム・マレンもまた二件のPMLが驚くべき偶然なのか、ひどい氷山の一角にすぎないのかわからなかった。ベッキー・フリードマンは上司たちがテリー・フレッチャーを守りたがっているのは知っていたが、これにどれほど強硬にこだわるか、自分にどんな報復を仕掛けるかは見当がつかなかった。これらはまるで例外的な事例などではない。それどころか、マネージャーとしての仕事の根本的な特徴を示す例なのだ。マネジメント研究にキャリアを捧げたハーバードビジネススクール教授C・ロランド・クリステンセンは、回復性の必要性をこのように表現している。「よい一般マネージャーの独自性は、自分が決して完全には理解できない複雑性を持ち、組織を構成する人的物理的な力を直接コントロールする能力が大幅に限られ、流動的で未知の未来に対して具体的に大きなリソースをコミットしなくてはならないときに、組織を効果的に導く能力にある」[*20]。

マキャベリなど多くの大思想家たちもこの見方に賛成したことだろう。たとえばマキャベリは運を河になぞらえた[*21]。人生と仕事はかなり長い比較的平穏な時期が続き、それが予想外の形で、恐ろしい危険な乱高下の時期へと続く。二〇年前には、インターネットが人生や仕事を大幅に変えて、各種起業家にすさまじい機会を作り出すとはだれも予想しなかった。一〇年前には、金融危機が世界経済を大恐慌再来の寸前にまで突き落とすと予想した人はほとんどいなかった。

ベッキー・フリードマンがテリー・フレッチャーの問題を解決したやり方は、人々やできごとが予想外の動きを見せる明らかな例だ。フリードマンは、フレッチャーとの面談を試してみることにした。彼女は、業績評価で絶対に二・五をつけると告げた。彼はすぐに反発し、それは不公平だという。そこで彼女は、PIPの対象者にはないことにしたと告げた。それをやったら彼の面子を潰すと思ったからだ。同時に、自分の部局で最近雇われた他の人々のことをよく考えて欲しいと述べた。みんな技術能力が高いのだ。だから、そんな背景を持った人々に取り囲まれていては、あなたはあまり嬉しくもないし、成功もできないだろうと付け加えた。そして、今後数ヶ月にわたり、仕事の合間にしっかり別の職を探してはどうかと示唆した。

フレッチャーがちょっと笑い、緊張を解いて、その提案を検討すると言ったので、フリードマンは驚くとともにホッとした。明らかに、フレッチャーはすでに自分でもそれを考えていたのだった。フレッチャーはその後数週間、社内や他の場所で職探しをした。やがて彼は、他の会社でよい仕事を見つけた。

これを単なる幸運だと一蹴するのは簡単だ。そしてフリードマンは確かにある程度は幸運だった。あるいはマキャベリや他の多くの古典著述家なら、運命と幸運が彼女に微笑んだと言うだろう。筋金入りの皮肉屋なら、フリードマンのやり方を試そうともせず、唯一の選択肢は上司の求めることをやるか、クビになるかのどちらかだと思っただろう。おめでたい楽観主義者なら、上司たちの脅しを無視して面談は飛ばし、フレッチャーに二・五をつけただろう。運のよいことにフリードマンはプラグマティストで、各種の条件にも対応できたし、実際に起こったことを活用するだけの柔軟性もあった。フレッチャーとの面談がうまくいくかは知る由もなかったが、別の仕事を探してみてはと示唆すると、フレッチャーはにっこりした。フリードマンは注意深く見ていたので、その反応を見て取り、その機会をとらえて、それを活用したのだった。

プロセスは流動的で柔軟に

権力の力場マッピングと、柔軟で日和見的な心構えに頼るのは、グレー領域問題に対処するときに重要だが、プロセスもやはり大きく効いてくるし、それが決定的な場合もある。プロセスは常に、その問題でだれがいっしょに働くか、他のみんなが何の作業をするかを決めるということだ。だが三番目の質問はこうした決断をあまりに無邪気に行うのを防いでくれる。プロセスを、単に他の人々といっしょに情報を得て分析する段階的な作業手段として見てはいけないと教えてくれるのだ。必要なのは柔軟なプロセスで、出合う面倒な予想外の出来事や、登場する予想外の機会や、爆発する政治的な地雷に応じて適応し変われるものだ。テリー・フレッチャーに対処するベッキー・フリードマンのプロセスの第一歩は、このアプローチの日常的な例だ。さりげない、目立たない面談から始めたのだ。それが実際に成功したので、うまく銃弾をかわしたことになる。もしうまくいかなければ、フリードマンは他の選択肢を試せた。

PMLの報せを受けてからの数日間で、ジム・マレンもまた、問題こそはるかに複雑で、不確実で、政治的にも波乱含みではあるが、似たようなアプローチを見せた。彼はすぐにFDAや外国規制当局や、バイオジェン・アイデック社の経営会議にPML症例について報せた。それから重役チームとともに一週間かけて、PMLに関する情報を世界中から集め、患者へのリスクをできる限り調べた。マレンは、一週間の集中的な努力でも、新薬とこのきわめて珍しい病気とのつながりを示す証拠を見つけられるかどうかはわからなかったが、フリードマンと同じく、マレンは拙速な動きに出る前に、できるだけのことを学ぼうとしたのだ。

ひとたびその情報が集まったら――あるいはそんな短期間では検討しきれないことがわかったら――別の選択肢を追及できる。だがこのアプローチは薬に対する信頼を破壊しかねない拙速な発表のリスクを避けられる。そんなことをしたら、患者たちにパニックを引き起こし、会社に危害をもたらすかもしれないのだ。またマレンと重役たちに、そうした可能性のどれか一つでも現実化した場合にバイオジェン社の可能性やとれるステップについて慎重に評価するだけの時間を与えてくれる。

結局ジム・マレンが開始したプロセスは、その後一年以上も続くことになった。一週間の情報収集で、マレンと重役チームはタイサブリの頒布を完全に止めるのではなく、一時的に中断することにした。これで今後学べることや、創り出せる保護措置などに応じて、この薬を再投入する選択肢が残ることになる。また中断により、多発性硬化症患者、医師、アメリカ議会の議員など、タイサブリの提供継続を求めていた人々をある程度は落ち着かせたかもしれない。

ひとたび余裕ができたら、マレンはタイサブリの再提供を目指す長く複雑なプロセスを開始した。それは世界中の多発性硬化症とPML専門家や、数カ国の薬品規制当局を集め、タイサブリ摂取者全員の医療記録を詳細に検討し、多発性硬化症を治療する医師たちとその患者たちへの徹底したアウトリーチを含むものだった。最終的に、バイオジェン社はどの患者がPMLのリスクを持っているか見極め、医師たちがその人々を慎重にモニタリングするのを助ける手順開発をしおおせたのだった。

このプロセスの結果は理想的ではなかった。これはグレー領域問題ではよくあることだ。二〇一四年末の時点で、一〇万人以上の患者がタイサブリを摂取したが、五〇〇人ほどがPMLを発症し、一〇〇人以上が死亡し、残った患者の多くにさまざまな障害が出た。[*22]だが一方で、何一〇万人もの患者が多発性硬化症からある程度は救われた。だが最初のPML症例二件が発見された直後の数週間で、この結果を予測できた者はだれもいなかった。流動的で、柔軟で、慎重に管理されたプロセスが、このきわめて細密な針に糸を通すための、実務的で容認できて、医療面でもしっかりしたやり方を見つけるにはきわめて重要だった。

対決姿勢に出る覚悟も

ときにマネージャーは、マキャベリが「必要性」と呼んだものに直面する。[*23]これは他に選択の余地のない状況だ——難しい問題を解決したいなら、責任ある形でやって、自分を犠牲にするのは避けよう。こうした状況では、明らかな障害があっても突き進むしかないし、これはときに強硬手段に出るということでもある。これは自分の権威を笠に着て、その権力を自分でも心穏やかではない、あまりに攻撃的か、倫理的に疲弊する形で行使することも含まれる。

もしアーロン・フォイアースタインが一部の労働者をクビにして工場の一部を閉鎖し、他の人々の職を長期的に維持しようとしたら、クビになった他に選択肢のない労働者に深刻な被害を与えることになった。フォイアースタインはまた、自分が労働者に対して維持してきた、長期的な個人的、家族的コミットメントを破っているように感じただろう。だがフォイアースタインはこうした厳しい道を採らなかった。むしろ自分の手をきれいに保った。その結果は悲惨なものだった。

ベッキー・フリードマンは別のアプローチを採り、テリー・フレッチャーに対して対決姿勢に出た。面談の冒頭で、絶対に評価を二・五にすると告げた。またPIPの対象にはしないことにしたと告げたときに、自分の力を疑問の余地なく思い知らせた。フリードマンは力があるのは自分だということをはっきり示したのだ。フレッチャーが文句を言ったときにも揺らぐことなく、フレッチャーと会社重役との関係がどうあろうと、彼の将来についての決断を下す権限があるのは自分だという明確なメッセージを送った。

だがフリードマンの戦術はそれでは終わらなかった。彼女は、対決姿勢が強硬策になる必要はなく、もっと優しく細やかな形にもなれることを理解していた。彼女が「上司は自分だ」モードと「力になりたい」モードを行ったり来たりした点に注目してほしい。たとえばフリードマンは、自分がフレッチャーをPIPに載せることができると明示しつつ、それが引き起す恥から助けてあげようという。それから組織の中をみまわして、自分の成功可能性について自分なりに判断してみろと言った。ここではフレッチャーがまちがいなく主導権を持っている。彼女はまた、自分が達成したいことについても明確だった。それはフレッチャーを先に進めることだ。そしてまた避けたいことも明確にした。これは上司からの面倒だ。そこで彼女は、友情、支援、助言の身ぶりを交互に行い、自分にハードパワーがあることを明確に示し続けた。

対決姿勢のやり方はどうあれ、印象はきわめて重要だ。ありのままの世界で有効性のある人物になりたければ、他人にどう思われるかは慎重に考える必要がある。印象はその瞬間を左右する。これはフリードマンとフレッチャーの面談でもそうだ。また人々があなたの言動について報告するときの事後にも重要となる。そうした報告が出回れば、それがあなたの信頼性、権威、権力を強化することもあれば弱めることにもなる。もちろん理想的な世界での最高の組織では、印象で中身が左右されることはない。だがありのままの世界では、見かけが強い。重要な問題は、あなたが何を言うかではなく、他の人が何を聞き、考え、感じ、記憶し、行動の根拠にするか、ということなのだ。

対決姿勢に出て印象を管理すれば、後ろめたい気分になるかもしれない――そしてそれは当然だ。ほとんどの人は、そんな形で機能する組織で働きたいとは思わない。だがときには、他人に対する責任を果たすというのは、ありのままの世界では、自分の手を汚すということでもあるのだ。

マキャベリは、指導者が正直でオープンで、美徳に満ちた人物であるほうがよいと思っていた。だが、生き残って、有能で、責任を果たすには、ときには必要なことをやるしかないと付け加えた。もしそこで尻込みするなら、そのご立派な意図も絵に描いた餅でしかなく、世界は何も変わらずに続いてしまうのだ。

自分に厳しく

最後のガイドは最も短いが、基本的にマネージャーにとって最も重要なものだ。三番目の質問は誤解されがちなものだ。安楽な道を選び、近道をして、物事が面倒になったらさっさと逃げ出せ、という助言だと思ってしまいそうになる。だがこれは、現実主義のプラグマティズム的視点を大いに誤解したものとなる。

マキャベリの有名な主張の一つは、富は大胆な者を好むというものであり、『君主論』は当時の実業家への賛歌とも読める[*24]。その一部は商業的な起業家だ。フィレンツェのメディチ家は現代の国際銀行の要素を発明しつつあった。だがルネサンスの真の起業家たちは、昔ながらの制度や慣行を見直し、再構築し、一変させていた。[*25] ルネサンスの実業家たちは、芸術や政治、コミュニティ、政治、政府、個人のアイデンティティ、宗教についての現代的な考え方の相当部分を編み出している。

現実主義は宿命論ではない。大したことはできないから安全に脇にどいていろとは言わない。むしろ、何がうまくいくか考えねばという――もし諦めず献身的に、創造的に、適切なリスクを負う意思を持ち、賢明かつ政治的に絶妙のタイミングで考え行動するなら。ベッキー・フリードマンもジム・マレンも、自分の努力（片方は数週間で片方は数年がかり）がうまくいくという保証はなかった。だが思慮深く賢明に前進しなければ、決して成功はできなかっただろうし、世界はその分だけダメな場所になっていただろう。

実用的な日常ツール

いまや偉大な人文的質問を三つ検討してきた――一つは影響に注目し、もう一つは責務、そして本章の三番目のものは、冷たく厳しいプラグマティズムに注目した。それぞれの質問は時代の試練に耐えてきた。いずれの質問も、グレー領域問題に取り組むための、はっきりした実務的な意味合いを持つ。で、我々はどの程度前進できたのだろうか？　こうした三つの質問は、グレー領域問題解決のために必要なツールを与えてくれるだろうか？　答は、よいスタートは切ったものの、こうした質問を正しい形で使い、何ができて、何ができないかを認識する必要がある、というものだ。

この三つの質問は、判断の契機となり、それを磨き、改善するためのツールだ。だがそれはハイテク研究室にあるようなツールではない。研究室にあるのは、高度で精密な機器であり、慎重に制御された条件下で働く専門家向けのものだ。これに対して、五つの質問は日常工具に似ている。基本的でさまざまに使えるが、特定のやり方で使う必要がある。

まず、こうしたツールはいっしょに使うといちばん力を発揮する。そうすることで、グレー領域問題の複雑性についてずっとしっかり把握できる。たとえばベッキー・フリードマンは影響を検討しなければならなかった。フレッチャーを残しておいたら、チームの業績にどう影響するか？　また責務も検討しなければならなかった。彼を敬意と尊厳をもって扱う方法が見つかるだろうか？　そして実務的にもならざるを得ない。上司からの露骨な圧力にどう対処しようか？　フリードマンは明らかに、自分の直面する課題を本当に理解するには、三つのツールすべてを必要とした。

三つのツールを併せて使うことで、選択肢も絞れるし分析も集中できる。これまたこうした質問が漏斗のように機能するやり方だ。最初の質問は、費用やリスクが便益を上回る選択肢を排除させてくれる。二番目の質問を考えると、基本的な責務に違反する選択肢を排除できる。

そして三番目の質問は、どう考えてもうまくいかない他の選択肢を排除させてくれる。

こうした三つのツールを併せて使わないとどうなるだろうか？　何か本当に重要なことを見逃すリスクが生じる。それぞれのツールを単独で使うと、不十分だったり、まちがった結論を出したり、危険だったりすることさえある――あらゆる家庭内の問題に金づちを使おうとするに等しい。もし影響だけに注目したら、他人への基本的責務を見過ごしかねない。責務だけに注目したら、大きく広い影響を無視することになる。そして何がうまくいくかだけに注目したら、懐疑主義、プラグマティズム、現実主義を、いかがわしい腐敗した行動と隔てるはっきりしない一線を越えてしまうかもしれない。要するに、三つの質問を併せて使うきわめて重要な理由は、それらがお互いに釣り合いを取り、相殺しあい、矯正しあうということなのだ。

だがこうした長所にもかかわらず、この三つのツールでは不十分だ。ときにはそれらが、グレー領域脱出の道を探しているときに、対立する方向性を指し示すこともある。影響や責務はお互いに衝突し、どちらも実務的検討と対立しかねない。また、それぞれの視点の中でも対立が生じる。たとえばジム・マレンとバイオジェン社は多発性硬化症患者の生命や権利をもっと重視すべきだっただろうか、それともＰＭＬへのリスクを持つ患者の権利や生命を重視すべきだったろうか？

最初の三つの質問に関する中間評価は、それらが重要で役に立つ、というものだ。かなりのグレーを排除はできる。でもそれでは不十分だ。グレー領域問題を最終的に解決するためには、別の二つの根本的質問を尋ね、答えねばならない。

第5章

我々は何者だろうか？

一九五六年にウィリアム・ホワイトは"The Organization Man"（邦訳『組織のなかの人間：オーガニゼーション・マン』創元社、一九五九）を刊行した。これは前世紀のビジネスに関する最重要研究の一つであり、その発想はいまだに人々の組織に対する考え方を形成し、歪めている。この本はアメリカ経済を支配する大企業で生涯働き続けた人間（ほとんどは男性）に何が起こるかについての、手厳しい記述だった。ホワイトによれば、彼らは巨大な機械の小さな歯車になってしまう。結果として、その人生は圧縮され、空疎化され、貧窮させられる。[*1]

ホワイトの著書は、組織生活の危険に関する説得力ある記述だが、部分的なものでしかない。現実には、人々はほとんど常に組織に取り囲まれているのだ。人は家族という、最古の組織とすら呼べるものの中で生活を始める。だれしも組織の中で働き、遊び、礼拝し、買い物をする。したがって我々みんな、逃れがたく圧倒的に「組織的人間」なのだ。

この現実は古いアフリカの格言でも言われている。「私があるのはみんなのおかげ」というのだ。この主張は幅広い。組織やコミュニティが人々に作用をする――制約し、制限し、抑止するというホワイトの論点も含む。この格言はまた、組織が我々のためにしてくれる多くのこと――基本的なニーズを提供、求めるものや欲望に応える、機会を拓く、といった多くのことも想起させてくれる。だがこの格言はさらに多くのことを述べている。それは人間の条件に関する基本的な特徴を捉えており、それはグレー領域問題に直面するマネージャーにも直接関係するものだ。[*2] それは、組織とコミュニティが我々を定義づけ、何をするかを深く決定的な形で決める、と教えてくれるのだ。

四番目の人文的質問は、難しい問題に直面しているマネージャーに対し、自分をアイデンティティが周辺コミュニティの肌理《きめ》の中に編み込まれた存在として見るよう求める。そして、自分の所属するコミュニティの規範は価値を反映し、表現し、現実性を与える選択肢を探せと奨励する。

記憶の神秘的な和音

四番目の質問が何を尋ねているか理解するには、心構えをシフトさせる必要がある。これまでの人文的質問はすべて、自律的な個人の世界を想定していた。その視点からすると、各人は独立した行為者であり、自己完結した単位であり、別々のモナドだ。最初の三つの質問はすべてこの想定を行っている。個人が行うことは影響を持ち、各人が責務を持ち、みんな独自の利己性を追及し、お互いにビリヤードの球のようにぶつかりあう。そしてこれはもちろん、まったく自然な考え方だ。だれしも自分の心は知っているし、決断を下す直接的な経験もあり、自律的な物理的生命体として行動する。

これに対し、四番目の質問は個人性と自律性を脇に押しやる。それは我々が根深く社会的な生き物だと述べる。我々の人間関係は、人々を期待、コミットメント、決まり切った慣行、タブー、野心の網の目に組み込む。端的に言えば、我々を自分たらしめているのは、人間関係や価値、規範なのだ。これはもちろん、広範で抽象的な主張だ。その意味するところを具体的な形で見るために、鮮明でドラマチックな状況に目を向けよう。それは古典的なジレンマの変種で、一八世紀の小説家、ジャーナリスト、政治哲学者ウィリアム・ゴドウィンが広めたものだ。この人物はおそらく『フランケンシュタイン』著者のメアリー・シェリーの父親としていちばん有名だろう[*3]。

仮に道を散歩して、ゆったりとくつろぎ好天を楽しんでいたとしよう。だが変な匂いがして、角を曲がったら建物が火事だ。次の瞬間、建物の中に子供が三人いるのが見えた。自分の命を危険にさらさずに助けられそうなので建物に駆け込む。だがそこで、別の子供が建物の中で、たった一人で立っているのに気がついた。自分の子供だ。炎は燃えさかっており、建物が崩れる前に一度しか入れない。さてどうする？　子供三人を助けるか、自分の子を助けるか？

これまでの章の3つの質問は、すべて同じ答を示すようだ。影響からいえば、三人のほうが一人より多い。責務の点で言えば、どの子供も生きる権利は同じだから、三人を救う責務のほうが大きい。ありのままの世界で何がうまくいくかで考えると、どちらの選択肢――子供一人を助けるのと三人を助けるのと――も可能だ。そこで最初の三つの質問は、子供三人を助けて自分の子は死ぬに任せるべきだと告げているようだ。だがこの理屈は何かおかしいように思える。

1つには、これは身動きの取れない哲学的な論争に陥りかねず、合理性が果てしなく自分の尻尾を追いかけるようなことになりかねない。もしかすると、長期に見れば、万人の純・純影響は人々が自分の家族を優先すれば最もよい結果になるのかもしれない。あるいは家族への責務は他人への責務を超えるという主張もあるかもしれない。どんな子供でも救う責務などないのだから、自分の子供を救っても構わないのかもしれない。おそらく、他にも手の込んだ理屈を構築して、ほとんどの親が直感的にすぐやることを正当化することはできるのだろう。それは、建物にかけこんで自分の子供を救う、ということだ。だが分析上のあれやこれやのひねりは、親ならみんな知って感じている単純な真実を正当化するための、無用で異様なほど合理的な努力に思える。

実は、身近な人々の面倒を見るためにややこしい理由を必要とする人々はどこかおかしいようだ。自分の家族を支え、伴侶に忠実で、身近な人々のために犠牲を払う人々は、通常はそうした行動を、責務や、社会にとっての純・純影響最大化のために行いはしない。問題へのこうしたきわめて分析的、理性的なアプローチは、人間を戯画的な存在に還元してしまう。

我々の真の人間性というのは、重要な人間関係をはぎとられた状態で影響を採点したり、責務の優先順位づけを行ったりするような、思考機械となった自分自身などではない。ほとんどの人にとって、自分の子供の世話というのは、単に親としてやることではない。その人自身の大きな一部なのだ。

なぜ人間関係はこんなに重要なのだろうか。答の一部は、人間関係は人々の決断を導く規範や価値を創り出すということだ。だが人間関係ははるかに多くのことをやる。それは我々を形成する。アイデンティティを定義づける。人生に意味、目的、構造を与える。それは構成的だ。それは我々を我々たらしめる。[*4] 言い換えると、我々は深く、内在的に、逃れがたい程関係性の生き物なのだ。

構成的人間関係は共通の過去に根ざす。それはエイブラハム・リンカーンが「記憶の神秘的な和音」と呼んだものに基づいている。[*5] それはまた、将来への共通の野心、集団やコミュニティの全員が共通の旅で一体となっているという感覚もある。[*6] 構成的人間関係は、厳密な分析に還元はできないが、だからといってそうした義務の重要性や説得性が下がったりはしない。単にそれらを、ブレーズ・パスカルが次のように書いたときの真実のカテゴリーに入れるだけだ。「心には理由があるが、その理由を理性は知らない」[*7]。

以前の章で、アーロン・フォイアースタインがマルデンミルズ社での惨事の後で行った決断について批判したが、多くの人は彼を深く尊敬すべき人物と見なした。火事の後で、フォイアースタインとマルデンミルズ社労組の委員長とが、とても好意的にお互いをからかっている様子を全国テレビが放映した。二人は明らかにお互いを尊敬し、気に入っていた。従業員何人かとのインタビューからも同じことがわかった。実はフォイアースタインのあだ名は、「マルデンミルズ社のメンシュ」だった。メンシュというイディッシュ語は、きわめて誠実な人物、あるいは日常用語では「見上げたヤツ」という意味だ。フォイアースタインにとっては、その父親にとってと同様、マルデンミルズ社とその労働者やそのコミュニティは、日々の仕事、人生、理想、自分が何者かという感覚と、分かちがたく絡み合っていたのだった。彼の人間関係が、彼を定義づけていたのだ。

相互性のネットワーク

厳しい決断に直面したとき、マネージャーが構成的人間関係を無視すれば、自分自身の一部を拒絶するだけではない。共通の人間体験における長きにわたる視点を拒絶することになる。

何世紀にもわたり、人間性がきわめて社会的なものだという考え方は、実に多くの形で述べられてきた。聖なるヒンズー教典『ウパニシャッド』は、この視点を簡単な比喩で説明している。「スポークがすべてハブと車輪の縁とに固定されているように、人間自身もあらゆる存在、あらゆる神々、あらゆる世界、あらゆる吐息、あらゆる肉体に固定されている」[*8]。西洋では、この視点についてのアリストテレスの簡潔で有名な表現は、人間が政治的、社会的動物だという彼の定義だった[*9]。

中世には、西洋の伝統がこの思想を「存在の大いなる連鎖」という世界観に変えた。この思想は、宇宙が巨大な企業組織図のように構成されていると述べる。神は天使の階級を司る。その下、地上には王がおり、他の王族がいて、それから他の社会の階層がある。さらに下って地下世界には、各種堕天使を司るサタンがいた。こうした考え方——あらゆる生命やあらゆる人間、そしてひょっとしてあらゆる現実が深く一体なのだという考え方——はルネサンス期には退行し、多くの人にとっては現代科学の台頭で、これは現実の表現ではなく魅力的な比喩になってしまった。

それでも何か広大ですべてを包み込み「我々」の発想はいまだに強力だし、しばしばその主題の変種は耳にする。たとえばマーチン・ルーサー・キング・ジュニアは、この思想の美しく、詩的なバージョンを書いた。バーミンガム刑務所からの手紙でキングはこう書いた。「我々は逃れがたい相互性のネットワークに囚われ、運命の単一の装束に縛られているのです[*10]」。今日のほとんどの宗教は、キングが表明した思想の何らかのバージョンを受け入れているし、無神論者ですらそうだ。たとえばアルバート・アインシュタインはこう書いている。「私には、人格としての神というのは人類学的な概念で、とうてい真に受けられないものだと思える。（中略）科学は道徳性を否定すると糾弾されているが、この糾弾は不当なものだ。人の倫理的行動は、共感、教育、社会的つながりやニーズにしっかり根ざすべきだ。宗教的な基盤などまったく不要だ[*12]」。

実は科学的視点は、深い人間の絆という発想を強化できる。進化理論は人間を、炭素ベースの泥沼を雷か溶岩流が加熱して、なにやら複製し、生き残り、進化する分子を作り出したときに生まれた生物種の一つにすぎないものとして扱う。だがこの視点からですら、深い心理的、感情的絆——おおむね無意識だが圧倒的で強力——は説得力があるものだ。

古代の先祖たちは相互関係にもっと敏感で、協力しがちだったため、生き残りやすく、遺伝子を伝えやすい生物だったことはすでに述べた[*13]。だが人が深く社会的な存在だということを示唆する証拠は多種多様だ。たとえば人類学者たちなどは、通称「野生児」——クマなどの動物に長年育てられ、人間との接触がなかった子供——の少数の報告を研究してきた。発見された後で、こうした子供たちは言語学習にきわめて苦労し、他の人間にまったく興味を示さなかった。直立歩行に苦労した子さえいる[*14]。こうした報告や、虐待性の制度機関環境で育てられた遺棄児童などの心理学研究は、進化科学と同じ結論に達している。人は幼年期から、基本的な脳構造と発達段階において、関係性の生き物なのだ。

要するに、各種の長期にわたる科学的、哲学的、宗教的な視点はすべて同じ結論を指している。厳しい決断をするときには、我々を定義づける人間関係や、それが作り出して支える価値観や規範に深く敏感に注意を払う必要がある。社会学者フィリップ・セルズニックの言葉で言うなら、我々の決断は「最初にあるのは社会であって個人ではない」という点を認識すべきなのだ。[*15]これはつまり、身の回りの組織やコミュニティの規範や価値観を注意して観察し、それがグレー領域問題にとってどういう意味を持つか見分けようとする、という意味だ。

だがどうやって？　この質問に答えるには、ある大企業のCEOが直面した難しいグレー領域問題に注目しよう。この出来事は、四番目の問題に答える実務的な課題を示し、またこうした課題に応えるための重要な実務的ガイドを示すのに役立つ。

実務的な課題

二〇〇七年一一月、あるカメラマンがＹａｈｏｏ！のＣＥＯ兼共同創設者ジェリー・ヤンの痛々しい写真を撮った。ヤンは、アメリカ議会委員会で、中国の反体制派ジャーナリスト師濤の逮捕に同社の果たした役割について証言していた。西洋から見れば、師濤の罪はどうでもよいようなものだった。だが素早い秘密裁判の後で、彼は懲役一〇年を宣告された。問題の写真は、ヤンが振り返って、傍聴席で真後ろにいた師濤の両親に対面した瞬間を捕らえたものだった。ヤンの顔は悲しみと後悔と恥辱に満ちているように見えた。

彼の反応は、自分とその会社が、人生やＹａｈｏｏ！のアイデンティティで中核となる人間関係を無視し、価値観に違反したという感覚を反映していた可能性が大いにある。ヤンとその家族、そして彼が創業を手伝った企業は、自由、機会、個人の自由というアメリカ的エートスを熱心に受け入れ、利益を得てきた。ヤンの両親は中国人で、母親はヤンが一〇歳の時に彼をアメリカにつれてきたのだった。やってきたときには、英語で「靴」しか言えなかった。後に彼はこう回想している。「最初はいろいろバカにされたよ。紙幣についている顔がだれなのかすら知らなかった」。だが三年もしないうちに、ヤンは流暢に英語を話せるようになった。高校では成績優秀で、スタンフォード大学で博士課程にいるときに、お気に入りのウェブサイトの簡単な一覧を友人デビッド・ファイロと作り、友だちの間で回覧した。ものの数年で、この片手間プロジェクトは何十億ドルもの価値を持つ企業Ｙａｈｏｏ！へと発展した。いまや師濤の事件のおかげで、ヤンと同社は顧客、人権団体、メディア、議員たちに糾弾されていたのだった。

師濤事件は二〇〇〇年代初頭に始まった。他の多くの西側企業と同じく、Ｙａｈｏｏ！は中国で大きく活動を展開し始めた。中国事業の条件として、こうした企業は中国の、言論の自由を制約する法規制を遵守するのに同意した。そして二〇〇五年、師濤はＹａｈｏｏ！のメールアカウントを使い、天安門広場抗議の記念日をめぐるメディア報道について中国政府が行った規制についての文書を西側記者に送った。この文書は中国メディア組織に広く流通していたものので、政府の高次機密とはとても言えないものだった。中国公安の警官たちはＹａｈｏｏ！の事務所に出向き、現地マネージャーに面会して、このメールアカウントがだれのものかを明かすよう要求する公式文書を提示した。マネージャーは師濤の名前を出した。彼は即座に逮捕され、数ヶ月以内に懲役刑となった。

Ｙａｈｏｏ！の状況は、四番目の問題――我々は何者か？――を使う時の実務的な問題について何を物語るだろうか？　基本的にそれは、三つの深刻な問題を明らかにしている。最初のものは、マネージャーとその企業は多くの人間関係を持ち、したがって広範な価値観や規範にコミットしているということだ。では、ある状況でどの規範と価値観が最も重要か、どうやって決めればいいのだろうか？　主に重視すべき価値観や規範は、自分のチームのものか、組織全体のものか、地元コミュニティのものか、あるいはＹａｈｏｏ！の場合には、母国のものだろうか？　そして、自分の個人的、家族的な生活、あるいは信心深い人なら、自分の信仰コミュニティで重視されている規範や価値観はどうなのだろう？

二番目の問題は、自分の価値観や規範の一部が他のものと対立するように見える場合にはどうすべきか、どうやって決めればよいのかという問題だ。たとえば師濤事件のとき、Ｙａｈｏ o！は「世界的な情報とコミュニケーションへのオープンアクセス」を約束していた。同社はまた、「個人に対し、情報への容易なアクセスと、オープンな交流や、視点や意見を交換する機会」を約束していた。同社の別の価値観は、「各国は独自の地元規範や道徳にしたがい、独自の法律を施行できるので、我々は適用される法律を遵守しなければならない」というものだ。[*16]世界中のほとんどの企業は、似たような種類の根本的な約束、信念、価値観を持っている。一部は明示され、一部は暗黙だ。どれも通常は重要だが、しばしば、特にグレー領域問題では、こうした価値観や約束の一部が相互に矛盾することになる。

第三の実務的な課題は、基本的な価値観は、Ｙａｈｏｏ！の信念記述のように、通常は漠然とした抽象的な表現になっているということだ。たとえば、誠実さとか質の高いというのは、実のところどういう意味なのか？　だからマネージャーは、かなりの空白を自分で埋めて、こうした広範で野心的な用語が個別状況で具体的に何を意味するのか決めねばならない。そしてマネージャーがこれをやるときには、偏向した考え方がどうしても起こる。長年その組織で働いてきたからといって、具体的状況でその組織を定義づける約束が何を意味するか確実にわかると思うべきではない。アーロン・フォイアースタインは、すべてを再建するという当初の広範で直感的な決断のときに、そのまちがいを犯したようだ。「マネージャー」という肩書きと、それに伴う権威は、偏向した考え方から逃れさせてくれるわけではないのだ。

もっとひどいことに、他人といっしょに働いても、必ずしもこの問題が解決されるとは限らない。その理由は集団思考だ。この問題の組織版は、ほとんど毎日のようにうかがえるもので、比較的罪のないものではある。決定的な人間関係が、まちがった価値観や規範で覆われていた人々の倒錯した成果である、巨大で恐ろしい社会犯罪を見れば、集団思考の危険の全貌がうかがえる。たとえばナチスは、広く共有されていたが凶悪な価値観を実施したのかもしれない。[*17] モンテーニュの洞察「自分自身よりも大きな奇跡も怪物も知らない」は、組織やコミュニティにも当てはまる。[*18] 人間は部外者に対して防衛的になり、疑念を抱き、仲間のインサイダーを好むという、工場出荷時に刷り込まれた本能がある可能性が高く、そしてときには盲目的、熱狂的、不道徳的にその本能に従ってしまうのだ。[*19]

要するに、四番目の重要な質問は、グレー領域問題解決に使おうとすると深刻な課題を引き起こす。人間関係、価値観や規範は強力だ。それは我々を形成し、定義づけ、最高の野心の一部を表明する。それを無視してはいけないし、また無視しようもないのかもしれない。だが四番目の質問に答えようとするときには、どの規範と価値観が最も重要かを、どうにかして決めねばならない。対立が起きたときに、どれを筆頭に掲げるべきか決めねばならない。そして個別状況で、最も重要な規範や価値観がどうしろと告げているのかを、はっきりと客観的に見極める方法を見つけねばならない。

実用ガイド

ありがたいことに、こうした課題に正面切って取り組み、四番目の質問を活用するために使える四つのステップがある——それぞれが重要で昔からの思想を反映したものだ。

この話から始めるな

最初のガイドは単純だ——そして意外なものだ。標準的な助言に従う前によく考えろと言う。マネージャーはしばしば、難しい問題に直面したら、組織とコミュニティの規範や価値観を前面かつ中心に押し出せと言われる。だがこのアプローチはリスクが高い。その理由は、こうした規範や価値観の不明瞭さと曖昧さだ。

その組織で長年働いてきたからといって、自分の組織の本当の価値観や規範がある状況で何を意味するのか、直接的で明瞭で直感的な感覚を持っていると思ってはいけない。アーロン・フォイアースタインは、すべてを再建するという当初の広範で直感的な決断のときに、そのまちがいを犯したようだ。「マネージャー」という肩書きは、偏向した考え方から逃れさせてくれるわけではないのだ。

この危険を減らすためには、グレー領域状況について考え抜くときに、まずこれまでの章で論じた三つの質問に注目するところから始めるとよい。それらが歴史の試練に耐えてきたのは、それが何にも増して、主観的なバイアスへの強力な特効薬になっているからだ。最初の質問は、可能な影響のあらゆる範囲を見ろと言う。これはつまり他の人々とともに、状況の重要な要素について、広く、正直に、客観的にすべて頑張って考えろということだ。二番目の問題は責務に注目する。これはつまり、同じ人間だから、法律により、あるいは組織に行った約束により、他の人々に対してどんな責務を持っているだろうか、と尋ねるということだ。きわめてプラグマティックな三番目の質問は、その状況についてできる限り現実的にリスクや不確実性や政治について考えろと言う。

この最初の三つの質問は、外部から客観的かつ系統的に、事実に基づいて検討しろと述べる。これですべての偏見が排除されるか？　いいや。だがそんなことは不可能だ。我々が行うどんな決断も——不可避的に——ニーチェが言うように「人間的な、あまりに人間的な」ものとなる。[*20] だが最初の三つの質問から出発することで、どんな決断をくださねばならないにせよ、信頼できる事実としっかりした判断の基盤として可能な最高のものを作り出す方法だ。ひとたびこの基盤ができたら、問題から一歩退いて、人間関係や価値観、規範から問題を検討できる。

分析装置を停止させよ

難しい問題に直面するマネージャーたちにとって、「我々は何者か」という質問に答えるには別の思考が必要となる。マネージャーたちは通常、問題を分析し、何をすべきかつきとめ、それを開始したい。だが四番目の質問に答えるのは、問題のややこしさや細部から目をそらし、その完全な文脈を見ようとすることだ。これはつまり、分析の鋭くまばゆい明かりを暗くして、新鮮な視点を得ようとする、ということだ。

二〇世紀の偉大な組織理論家チェスター・バーナードは、キャリアの最初の数十年を企業経営で過ごした人物だ。彼は、成功する重役にとって決定的な技能は、問題のもっと大きな人間的、組織的文脈を理解することだと信じていた。彼はこの技能を「全体を感知する技能」と呼んだ。[*21] これは組織が本当はどう機能していて、何が組織の中で重要かに関する、一部は意識的で、一部は直感的な感覚だ。それは部分的には、構成員たちの間のあらゆる非公式で微細な、心理的感情的関係についての感覚なのだ。

分析的な努力に過度に専念しすぎると、「全体の感覚」を発達させるのはずっと難しくなりかねない。シャーロック・ホームズの例を考えよう。彼はその鋼鉄の罠のような演繹的分析で知られる。だがホームズは、観察して分析する以上のことをしている。その創造者アーサー・コナン・ドイルは、ときに彼が小さな居間で安楽椅子にもたれかかり、パイプをふかしてぼんやり宙を見つめていると表現している。こうした瞬間に、ホームズは問題について思索し、それを脳内で反芻して新しい視点を探していたのだった。[*22] ホームズはデザイン思考の一種をやっていたのだ。[*23] これは最近多くの組織が採用した問題への取り組み手法だ。それはオープンで柔軟で、リラックスしたやり方であり、いろいろ可能性を探り、結論に飛びつくのを避ける。デザイン思考は定量的よりは定性的で、直線よりはジグザグだ。それは根底にある主題や出現しつつあるパターンへの敏感さを求める。素早く直感されたり、慎重に計算されたりする「正解」を割け、もっとゆるい、思索的なアプローチに頼る。この種の思考は我々自身のあらゆる人間性を活用する——単なる脳の力と鋭い分析的な焦点よりは直感、感情、ひらめき、感性を使うのだ。

ハーバードビジネススクールでの数年前の講演で、ウォーレン・バフェットは生徒たちに、自分のＩＱの130を超える部分について、なんとかして「あげてしまう」方法をみつけなさいと告げた。[*24] バフェットは明らかに、分析的な地勢は価値があるが罠にもなりかねないと示唆していた。「我々は何者か」という微妙な問題に答えるためには、問題の金床を叩き続けるのをやめて、その文脈を考える時間をとるべきだ。次の三つのガイドラインは、それを行う方法を示唆する。それぞれがこの思索のために集中すべきちがった場所を示す。本当の自分の利益、自分の組織の物語、自分の対処する問題について、他人が持ちそうな視点だ。

自分の本当の利益を考えよう

四番目の人文的質問や、本章の実用ガイドすべての根底にあるのは過激な思想だ。それは、人は自分を単なる自律的行為者として考えるなら、自分自身の利益を本当に理解はできないかもしれないということだ。もちろん、これは自然な考え方だし、マキャベリの観点からすれば、それは特に筋の通ったものだ。彼の見方では、我々は不確実で競争的で政治的な世界に住んで働いている。家族や友人といるときにはちがった考え方ができるが、家を離れたら背後に注意して自衛しなくてはならない。

だがこうした考え方の特徴に注目しよう。これは基本的には白か黒かだ。それははっきりと一線を引く。個人生活と仕事生活、利己性と愛他性、自分が得る物と他人が得る物。この白黒世界は、四番目の質問の視点と深く相反するものだ。アフリカの格言の明らかな含意は、他人の利益を追求することで、自分自身の利益も追求できるということだ。そうした利益がきわめて密接にからみあっているからだ。そしてこれは別に、人々が絶えず相互に契約を交わして、自分の利益にかなう長い一連の取引をしているからではない。人間の運命が深遠な形で結びついているからだ。

たとえば、家族や戦闘で共に戦った軍の部隊員同士を考えよう。こうした場合。「我々」というのは個人の集合よりずっと大きなものだ。各個人のアイデンティティは、部分的にはその集団への帰属により定義づけられる。だから、それぞれの個人にとって最高のことは、部分的には万人にとって最高のことだ。多くの場合、家族の構成員や兵士は、我々はどうすべきか、という質問に答えられないと「自分はどうすべきか」という質問にも答えられない。

この視点は、難しい決断に直面するマネージャーは、自分の状況を単に、自分の得は他人の損でその逆も真なりと想定する、単純すぎる考え方で見ないよう気をつけるべきだということだ。アーロン・フォイアースタインは労働者とそのコミュニティに個人的な約束をしていた。彼らからいつ、何を得るかを計算などしていなかった。そしてバイオジェン社のジム・マレンや、似たような信頼と権力を持った地位のだれであれ、他人の健康や生命を犠牲に自分の個人的利益や組織の利益を計算してほしくはない。社会は、人がみんな共通の利害――市民性の点でも、信頼でも、オープン性でも、社会的善へのコミットメントでも――を共有していると理解する指導者に大きく依存している。そしてだれもこうした社会投資への個人的な利得の部分を計算できなくても、全員がこうした狙いや利益を指示する共通の探究から利益を得ることを彼らが理解していることも重要だ。

古典的な中国哲学は陰と陽を強調する。これは、個人と社会的な複雑性の深い水準において、重要な現実は相互依存し、からみあい、つながり、接続されていることを示唆する。言い換えると、各人に重要なことというのは、全員にとって重要なことなのだ。これは、難しい問題に直面したマネージャーは、一歩下がって、その決断においてどんな高次の広い目標が左右されるかを考える必要があるということだ。これは最終的には、決断における決定的な要因にはならないかもしれないが、その状況において長期的で細やかで重要となる側面を明らかにできる。そうした側面は、標準的な分析技法であらゆる問題を処理するよう訓練されたマネージャーが見過ごしがちなものだし、このリスクを減らすよい方法は、現実理解の昔ながらの手法に頼ることだ。それは、データと分析よりも物語として考えてみることだ。

自分の組織の物語を考えよう

今日のほとんどの組織は信条やミッションステートメントを持っている。残念ながら、そうしたものはしばしば血の通わない文書で、壁に飾られたりガラスの下で防腐処置されたりして放置されている。それでも、難しい問題に直面するマネージャーにとって、ミッションステートメントや信条は通常、一見の価値がある。それは、組織が自分をコミットした大きな目標を思い出させてくれるのだ。そして場合によっては、信条やミッションステートメントはきわめて価値あるものとなる――それが最近になって作られたり、最近見直されたり、真剣な関心事項と本物のコミットメントを反映したりしていれば。だがもっと広く見て、特に自分の組織を定義づける規範や価値観や関係性を明らかにする物語を理解することも重要だ。

何千年にもわたり、人類は「我々」が何者かを理解し表現する最も強力な方法として物語に頼ってきた。そしてほとんどあらゆる人が、いまだに物語を楽しんでいる。だが組織で物語は重要だろうか？　人は最早狩猟採集はしないし、焚き火を囲んだり洞窟に固まって過ごしたりはしない。物語なんてただの遺物かもしれない。魅力的で、古くさく、明瞭かつ端的に述べられるべきことを伝えるための、もってまわった方法かもしれない。我々は現代の高速な、技術駆動組織で働いている。物語を語るかわりに、さっさと要点を述べてはどうだろう？

この問いに対する答はいくつかあり、どれも四番目の昔からの質問の実務的価値を説明するのに役立つ。答の一つは、物語は主張よりも真実をもっと強力に伝えるというものだ。それは箇条書きのプレゼンテーションでは不可能な形で頭に残る。物語は人の頭だけでなく、心や精神まで捉える。それは人々の個人的体験と共鳴し、その根底にあるメッセージも鮮明でリアルになる。物語はまた、基本に立ち戻る感覚を与えてくれる――これは、歴史は何が起こったかを説明し、文学は何が起きるかを説明するという、アリストテレスのものだとも言われる古典的な見方の背後にある考え方だ。[*25]

物語が他にはない強力なかたちで話を伝えるという発想は、現代社会科学と古代の叡智や洞察とが融合する驚くべき例の1つだ。二〇世紀で最も重要な認知心理学者の一人ジェローム・ブラナーは、心は二種類のちがった形で現実を捕らえ、把握するよう発達してきたと昔から論じてきた。一つは主張に基づくもので、明晰さ、論理、形式的構造に依存する。もう一つは語り――つまりは物語に基づく。ブラナーは、方角、人類学、認知科学などさまざまな分野の学者とともに、我々が客観的事実として見るものの相当部分は、集団や文化全体で広く受け入れられる語りや物語で構成されていると考えている。[*26]

現代詩人アドリエンヌ・リッチはこう書いている。「私たちの人生の物語が私たちの人生となる」[*27]。この洞察は、組織にも当てはまる。今日の多くの組織では、真の価値や規範は物語として表現される。ときには、その物語は創始者のやったこと、考えたこと、何を犠牲にしたか、何のために戦ったかを表す。あるいは困難な瞬間、機器、重要な決断を表し、そこで組織の過去や現在の指導者が、どんな決断を行うことになり、それが彼らの最も気にかけることをどんな形で明らかにしたかを物語ることもある。何よりも、物語は組織が本当にコミットしているのは何か、それが奉仕しようとする大きな目的は何かを物語る。要するに、四番目の人文的質問——我々は何者か？——に対する答は、しばしば「我々」が重要な瞬間に何を、どういう理由で行ったかを表す物語で構成されるのだ。これらは通常、コミットメント、争い、目標の物語だ。

これは今日でも同じだ。人間の天性はここ何世紀かの驚異的な技術進歩を通じて変わっていないからだ。我々は昔ながらの生物であり続けている。だからこそあらゆる組織は物語を持つ——部局や作業チームなどの小組織や、ベンチャー企業などの新しい組織もそうだ。またグレー領域問題に直面したときに、そうした物語が何かを理解するのが、きわめて実務的な理由からも有意義な理由でもある。

ベッキー・フリードマンの状況を思い出そう。彼女は、上司から強い支持を得てはいるが仕事をこなせていない従業員に対処するという、面倒な問題に直面していた。フリードマンは会社に入って日が浅かった。そのベンチャー企業は創業わずか数年で、彼女の働く「組織」は彼女をトップとする一四人のチームだった。それでも、フリードマンが自分の直面する状況の全貌を理解するのに役立つ物語が二つあった。

一つの物語は、計算機科学分野における女性としての彼女の長い苦闘だ。フリードマンは常に部外者扱いだった。才能あるプログラマだったが、学部時代の教育や就業後の経験から、社会的に周縁に追いやられるのがどんなものかを理解していた――これは彼女のチームにおけるテリー・フレッチャーの状況でもあった。彼は業績をあげておらず、自分でもそれがわかっていて、他のみんながそれを知っていることもわかっていた。同時に、フリードマンは別の物語を念頭においていた。それはフレッチャー以外の彼女のチームが理解し、本当に気にかけているものを描いていた。それは傑出したプロとしての業績だ。彼女のチームは常に、才能と長時間労働のおかげで会社の業績指標を上回っていた。彼女はこの成果を誇らしく思っており、チームの他のメンバーも同様だった。彼らの物語は、その週ごと、月ごとの努力を描いていた。頑張って賢く働くことで、きわめて正当な組織内でのスター的地位を実現していたのだ。

フリードマンはテリー・フレッチャーの置かれたもっと大きな状況を理解していたので、それが問題をうまく扱うのに役立った。前章で見たように、フリードマンは三つめの質問――ありのままの世界では、何がうまくいくだろうか？――に答えるのに見事な手際を発揮し、政治的な地雷原の中を賢明に、日和見的に乗り切った。だが彼女が成功したのは、この二つの物語がもっと大きな社会的現実を明らかにしたせいでもある。勝利チームのエートスと、外部から中をのぞき込むように感じるテリー・フレッチャーの苛立ちだ。このため彼女はフレッチャーとの面談を、有益で共感的なカウンセリングに変え、おかげで彼は会社を離れるのも楽になり、最終的にもっとよい仕事も得られることになった。

要するに、自分の組織の重要な体験や物語についての自分の感覚を使えば、四番目の質問に答えられる。言い換えると、自分に何が重要かを考えれば、他人にとって何が重要かも見えてくるかもしれない。だから難しいグレー領域問題に直面したら、数分間かけて一歩下がり、その状況を、自分にとって重要な組織の歴史における決定的体験や、自分の組織が何を表しているか理解させてくれるような決定的体験に基づいて、その状況を理解して見ようとすべきだ。

この観点からすると、難しい問題に直面するマネージャーは、単に正解を見つけようとしているのではない。その人物は組織の歴史における長い物語に、一文または一段落を書き加えようとしているのだ。個別の問題をその大きな文脈に置くことで、マネージャーはときに、通常なら見落とされていた要素を見て、結果、責務、実務の試験には合格したいくつかの選択肢を排除し、自分の決めることがなんであれ、もっと支援を引き出せるようになる――他の人も、そのマネージャーの決断が組織を定義づける価値観や規範を強化、構築、保護しようとしているのを感じ取るからだ。

自分を説明しよう

重要な規範や価値観をもっとはっきり理解する別の方法は、単純な練習問題をやってみることだ。これはまた、ウィリアム・ホワイトの警告したような「組織的人間」になるリスクを回避する方法でもある。言い換えると、この練習はグレー領域問題に直面するマネージャーが、問題を何とかしようとして、それもすぐにやり、その直接的な財務、組織、政治的要素に取り組んで、別の仕事に移りたいという圧力に抵抗しやすくしてくれるのだ。

その練習とはこんなものだ。自分が決断により左右される集団のそれぞれの前に立っているとしよう。その集団に決断を説明したと想像して欲しい。そして考えて見よう。彼らはどう反応するだろうか？　何を考え、感じ、言うだろうか？　自分が相手の一人だったら、何を考え、感じ、言うだろうか？　向こうはこちらを自分たちの一員として、重要で共有された価値観や規範を表現してそれに基づき生きようとしている存在として見るだろうか、それとも部外者、異人、あるいは「わかってない」、帰属しない人物として見るだろうか？

この練習の狙いは、決断が影響する人々にとって本当に重要な暗黙の規範、価値観、理想について、もっとはっきりした理解を得ることだ。しかも、それを決断の前に行うことで、そうした価値観が実際の決断を左右できるようにすることだ。これが実際に何を意味するかを見るため、師濤問題を考え直してみよう。

Ｙａｈｏｏ！は、同社の中国オフィスに公安当局がやってきたとき、とても難しい問題に直面した。だが師濤逮捕と収監に先立つ何ヶ月、いや何年も前に、同社重役たちがこの練習の変種を実施していたら、同社の対応も改善されていたかもしれない。こうした問題が実際に起きたら——というのも中国公安当局が反体制論者の個人情報を要求するというのは、実に容易に想像がつく問題なのだから——どう対応するか考えてみることもできたはずだ。そして最終的に、実際にやったのと同じ形で対応するにしても、Ｙａｈｏｏ！重役たちは影響を受けるあらゆる人々への基本的価値観やコミットメントの点で、その決断を説明するのがいかに難しいかを理解できたかもしれない。

この練習で何かちがいは生じただろうか？　それは知りようがない。でもＹａｈｏｏ！が実際にやったことが状況に対する筋の通らない対応であることが明らかとなり、同社は有益な予防措置を執ることになったかもしれない。

たとえば、ジャーナリストの身元を明かしたオフィスマネージャーは、国の役人との状況を扱うためのガイドラインも訓練も受けていなかった。相談するべきＹａｈｏｏ！上司もいなかった。そして警察の求めていた情報はすぐそこにあり、リモートのサーバーに保存されることもなく、パスワード保護も承認も必要なしに取り出せた。これに対し、グーグルは個人ＩＤデータを香港のサーバに保存していた。

こうしたステップのどれかで、問題がなくなることはなかっただろう。だがそれをいくつか組み合わせれば、同社は戦術を考える時間も稼げたし、中国当局と交渉もできたかもしれない。同じくらい重要なこととして、こうしたステップがあればジェリー・ヤンとＹａｈｏｏ！は、Ｙａｈｏｏ！顧客のプライバシーを守り、言論の自由という西側の価値観のために立ち上がるため、中国市場から完全に撤退する以外のあらゆる手を尽くしたのだと批判者や師濤の両親に対して説明できただろう。Ｙａｈｏｏ！とその従業員も、組織を定義づける価値観遵守のために手を尽くしたことがわかっただろう。

四番目の質問に答える実用ガイド――他の三つの質問をまず考え、考え方の枠をゆるめて「全体の感覚」を得ようとして、本当の自己利益をと組織を定義づける物語を考え、各種の決断を会社の中の基本的な規範や価値観に基づきどう説明するか考える――は、グレー領域問題の解決にさらに複雑性の層を追加するように思える。だが、こうしたステップは複雑性を創り出しはしない。それを反映し、明らかにするだけだ。複雑性はもともと世界にある。それはグレー領域問題の本質的な一部なのだ。そして遅かれ早かれ、グレー領域問題に直面したら、そうした複雑性と取り組まざるを得ない。Ｙａｈｏｏ！は、複雑性のノコギリにぶち当たったことで、これをつらいやり方で学ぶこととなった。中国での事業がその重要な関係性、価値観、規範にどんな課題をもたらすかについて予測し損ねたからだ。

明瞭性と単純性

四番目の質問は、グレー領域問題についての判断を改善するための基本ツールの一つだ。この質問や他の三つの質問を活用すれば、こうした問題の完全な人間的複雑性を理解できる。人はみな苦しみ、みな喜びと幸せを求めるから、影響は本当に重要だ。同じ人間性を持つから、お互いに基本的責務を負っている。偶然、意外性、悪意にあいかねないから、実務的で現実主義的な考え方はとても重要だ。そして人はみんなまわりのコミュニティ、その「神秘的な記憶の和音」とその共通の目的感覚に形成され、定義づけられている。

こうした質問へのあなたの答は、グレー領域問題の解決において決定的に重要だが、それでは不十分だ。もし仕事でも人生の他の部分でも大きな責任を負っているなら、複雑性を把握するだけではすまない。責任は、決断し行動するということだ。どこかの時点で、他の人々や自分に対して「我々はこうする、そのやり方はこうだ」と言わなければならない。最終的には、グレー領域問題解決で重要なのは複雑性ではない。明瞭性と単純性だ。

だがグレー領域での単純性とは何で、どうやってそれを見つければいいのか？　この質問への強力な答はオリヴァー・ウェンデル・ホームズ・ジュニアからくる。彼は、アメリカ最高裁倍席裁判官として最も有名で、彼の意見はアメリカの生活の相当部分を形成した。複雑性に関するホームズの考え方は、深い人文主義的な視点に影響されている。たとえば判事として、彼は法の厳密な意味や応用に注目する法的形式主義から離れ、法的現実主義に向かった。これを彼は次の一文にまとめている。「法の命は論理ではない。それは体験だ」[*28]。

その長い法学キャリア以前にも、ホームズは複雑性と困難な取り組みをしてきた。彼はボストンで、重要な医師兼科学者の息子として育ち、ハーバード大学に通ったが、南北戦争に志願した。そして三回にわたり重傷を負い、そのたびに回復して戦闘に戻った。若き頃には、自分が守ろうと戦っている国が、自由に奉仕しつつ一部の人間を自由財産として扱えるのかという問題を理解しようと苦闘した。

法学者ホームズと、軍の英雄ホームズは、また真剣な道徳主義者ホームズでもあった。彼は真剣に真実を探したが、それを見つけるのが法でも人生でもいかに難しいか知っていた。そして彼はそれを、旧友への手紙で端的に述べ、自分にとって最も重要な種類の単純性について述べている。「私が重視する唯一の種類の単純性というのは、その裏側に複雑性を持つものだけだ」とホームズは書いた[*29]。

言い換えると、単純性には二種類ある。一つは複雑性を見すごし、無視し、捨て去る。それはだれかが本当に難しい問題をちょっと見て、それから自信たっぷりにズバリ正解を述べるような単純性だ。ホームズはこの種の単純性が無価値だと考えた。彼が重視した単純性は、問題や状況の全面的な本当の複雑性により形成され、試され、鍛えられたものなのだ。

だがこの単純性はどこから来るのか？　難しいグレー領域問題に直面しているなら、どうやってそれを見つければいいのか？　五つめの偉大な人文主義質問を扱う次章では、この二つの問いに答え、最終的にグレー領域問題をどう解決するかを説明する。

第6章

自分で納得できるのは何か？

五つめの質問は、グレー領域問題解決の最終的で決定的なステップを与えてくれる――そしてそれは、この衝撃的なメッセージでそれを行う。それは、どんなに頑張っても、どんなにしっかり分析しても、どんなに慎重に影響や責務、実務、価値観について考えても、グレー領域問題の答はしばしば見つからない、というものだ。だったらどうしようか？　基本的には、自分でその答を作り出すことだ。そしてそれは、自分が――マネージャーとして、そして人間として――納得できる決断を行うことで実施する。グレー領域問題はそうやって解決するのだ。

決断に「納得する」とはどういう意味だろうか？　ときにそれは、ある決断を受け入れるか、それに我慢するかしなければならないということだ。できる限りのことはやったが、受け入れ基準として最低限のものしか満たせなかったというわけだ。グレー領域問題では、万人が満足できるような選択肢がないことも多い。マネージャーの仕事は、いちばん悪の少ない選択を行うことであり、自分の納得する「成功」というのは、いろいろ合併症、それもときに深刻なものを伴うものだったりする。タイサブリの例では、薬は市場に復帰して大量の苦しみを軽減したが、生命をリスクに曝した。他の場合なら、自分や他人とともに頑張って取り組んで、グレー領域問題に創造的で実務的なアプローチを見つけることもある。それに納得して自慢に思うだろう。ベッキー・フリードマンは、テリー・フレッチャーをめぐる努力についてそう感じた。

だが自分の決断が最低限の希望しか満たさないか、それとも野心的な基準を満たしているかにかかわらず、グレー領域問題についての決断に対する納得はもっと深い水準で残る。自分の決断について――他人と自分自身に対し――説明責任が生じる。マネージャーとして、あなたは――法的に、組織的に、財務的に、その他の形で――説明責任を負わされる。だが同時に、どんな決断であれ、深刻な個人的責任を持つことになり、それが五つめの質問の焦点となる。

この責任は根深い。グレー領域決断の解決は、明示的に「これが私の決めたことであり、これが我々のやることだ」と述べることだ。だが決めるのはそれだけではない。同時に、避けがたく、最初の四つの永続的な質問への答を決めることになる。あなたの決断は――あなたの個人的判断に基づき――どの影響、責務、実務的要因、価値観が最も重要で、どれがあまり重要でないかを物語る。そして、この責任からは逃れられない。グレー領域決断はどうしても、それを下す人物の個人的優先順位を反映し、あらわにする。

グレー領域決断は、こうした個人的な形であなた自身のものだから、五つめの質問は、自分が何なら納得できるかを真剣に考えるよう強制する。グレー領域問題は、能力と人格を試す。それは仕事と人生の交差点だ。それにうまく答えるには、自分がマネージャーとして、また人間として何を本当に重視するか、十分に考えねばならず、そしてそうした決意が自分の行おうとしている決断をどう左右するかもよく考えねばならない。五つめの永続的な質問と格闘するのは、本当の勇気を必要とする。引退した重役は、自分の長く成功したキャリアを振り返ってこう述べた。「どうすればいいか教えてくれる人物や、何かルールが本当にほしいところだけれど、ときにはそんなものはないので、その個別の場合に最も関係あるルールや原理が何かを自分で決めなくてはならない。その責任からは逃れられない」。

幸運なことに、五つ目の質問——自分で納得できるのは何か？——は昔ながらのものだ。何千年にもわたり、東洋と西洋の双方で、これは多くの思慮深く洞察に満ちた傑出した男女に大きな課題をもたらしてきた。そして、この質問が本当は何を尋ねているかについて、彼らの知見を使うことで深く理解できるし、それにうまく答えるための実用ガイドを得られる。これまでの質問と同じく、プロセスの重要性は出てくる。だが五つめの質問に答えるために重要なプロセスは、他の人とのプロセスではなく、自分自身の中のプロセスなのだ。このプロセスは、決断にコミットする前にグレー領域問題について考えるときにとれる、いくつかの最後のステップで構成されている。

人格と判断

最終的に、グレー領域問題の解決には、マネージャーの人格、深遠、価値観がきわめて重要となる――その理由は、人間の条件の最も賢明で鋭い観察者が、何世紀にもわたり、各種の方法で与えてくれたものだ。彼らの答は要するに、本当に難しい決断においては、あなたの判断こそが決定的な要因であり、判断は人格を反映すると述べている。言い換えると、DNA二重螺旋のように、判断と人格は深くからみあっているのだ。

たとえばアリストテレスにとって、難しい問題への正解は中庸だった。言い換えると、最高の決断は過剰を避ける。あまりに勇気が多いと無謀になり、あまりに用心深いと臆病になる等々。問題への正しいアプローチは、通常は中間地帯にある。だがどこに？　この質問に答えるためには、アリストテレスはまず問題の個別特徴や状況をしっかり見ろと言う。その裂け目やでっぱりを全部理解してみよう。それから、自分の判断に頼れ、と彼は言う――自分の経験、分析、熟慮、直感を使って、何が正しいか決めるのだ。言い換えると、中庸とは自分の判断が中庸だと告げているところにある。

結果として、同じ問題や状況を見ていても、人がちがえばグレー領域問題への正解について、ちがう判断を下すこともある。そしてアリストテレスはそれでよいという――ただし重要な条件が一つ。そうした判断を下す個人は、よい人格を持たねばならない、と彼は言う。正直さ、勇気、慎み、正義といった古典的な美徳にコミットし、それに従って生きるべきだ、と。アリストテレスの基本的な理屈はこういうことだ。人格が判断を形成し、判断が難しい問題を解決するというのだ。言い換えると、どこに一線を引くか、自分たちがやること、やらないこと、自分の組織が追及したり拒絶したりすることを決めるのは、人格によって形成される判断だ。[*1]

中庸の主題は古典思想のかなりの部分に通底する。ブッダは「中道」を主張した。[*2] 孔子にとって、立派な人物は的の中心を狙う射手のようなもので、矢がはずれたら慎重に考察を行う人物だ。マイモニデスは「もし自分の性質がこうした極端の一つに偏っていることを発見したら（中略）立ち戻って改善し、善人たちの道を歩くようにすべきだ。それこそが正しい道なのだ」と書いている。[*4] ムハンマドは、最高の選択は「中道」だと述べた。[*5]

古典著述家から現代に目を向けても、同じ発想が見られる――判断と人格が深くからみあっているという発想だ。そしてこの発想は、きわめてかけ離れた個人の思想にも見られる。たとえばフリードリッヒ・ニーチェは優れた隠遁ドイツ詩人兼学者で、現代で最も影響力の強い哲学者の一人だった。彼は宗教、権力、人間の性質について書いていて、その根本思想の一つは現実把握の不可能性だ。ニーチェによれば、我々にあるのは現実の自分なりの解釈でしかない。彼に言わせると「『これは私の道だ、あなたの道はどこにある』――『唯一無二の道』を尋ねた者に私はこう答えた。というのも唯一無二の道とは――そんなものは存在しないのだ」[*6]。

ニーチェの主題の変種が――驚いたことに――アルフレッド・P・スローンJr.自伝『GMとともに』の冒頭部にも登場する。一九二〇年代にスローンは、倒産しかけた自動車会社の寄せ集めから、現代のGMをつくり上げた。一九五〇年代になると、スローンの指導のもとで、GMは史上最大で最も儲かる企業となっていた。スローンは戦略、組織、会計、財務、製造についての各種先駆的アプローチを行い、それは無数の他の企業にも採用され、今日もなお組織を形成し続けている[*7]。彼はマネジメント上の決断を事実と分析に基づいて行うべきだと固く信じていた。だが自伝でスローンは「もとより、最終局面でものをいうのは直感だ」と書いている[*8]。

この主張の最後の部分に注目。スローン――明晰で献身的な生涯にわたる分析家とシステム人――が、事実や分析ではなく、直感こそが決断における中心的な要因だと述べているのだ。またスローンが「もとより」と述べているのにも注目。彼にとって、直感の役割はあたりまえなのだ。結局のところ、真剣な決断を下す最終的な決定的要因は、直感的な判断なのだ、というのが彼の確信だ。ある個人の体験、人格、視点の、とらえどころのない混合物こそが、ある行動方針が最終的に他のものよりよいかどうかを決める。

スローンの見方は、意思決定の人文主義的な説明だ。そして驚異的なことだが、それはスローンが古典思想家とだけでなく、実存主義者たち――現代の人文主義者である哲学者、小説家、日記作家、詩人たち――とも共有している視点だ。一部の実存主義者たちは深い信仰を持ち、一部は無神論者だった。一部は抽象的思想家で、一部は明解かつ具体的に書いた。五〇年前のヨーロッパで、多くの実存主義思想家たちは、ひどい両世界大戦と、ヨーロッパやアジアでの考えられない蛮行の後で最も深遠な問い――人生とその意味――への答を必死で探していた。

実存主義者たちは、選択の不可避性、最終性、重荷を理解していた。彼らは、人生で本当の責任を持つ人々が経験から知っていたことを把握した。選択とコミットメントは、特に流動的で複雑で不確実な問題に直面したときには不可避であり、逃れがたい。そうした決断を下すのは、ときには重荷であり、ときには覚悟を必要とする挑戦であり、常に深遠なまでに人間的な作業なのだ。

直感と判断は、この課題に応えられるようにしてくれる。言い換えると、難しい決断を下すときの決定的で最終的な瞬間は、一部は意識的で、一部は無意識の、心と頭、分析と直感の融合なのだ。ある尊敬されている重役は、このアプローチの自分なりのバージョンをこう述べている。「頭が正しいと判断したからというだけで何かを実行したりはしない。それを実感しなくてはならない。そう感じないなら、頭と腹とを調和させなければならなかった」。

実務的な課題

その圧倒的な伝統にもかかわらず、五つめの質問は大きな、または致命的な欠陥があるように思える。特にそれを日常の具体的な場面で考えるとなおさらだ。本当に我々は、意志決定者が納得さえすればどんな行動方針にでも大きく頼りたいだろうか？　重要で、大きな影響を持つ決断についての決定的な考察が、だれか責任者が、なんだかよいと「感じた」ものであってほしいだろうか？　その人物がぐうたらで、無能で、小ずるくて、死ぬほど自己中心的で、腐敗していたり、たまたま機嫌の悪い日だったりしたら？

アーネスト・ヘミングウェイはこの危険の明確な例として次のように書いた。「道徳についていえば、私は道徳的なものとは後で気分のよいことであり、不道徳なこととは後で気分の悪いことだとしか知らない」[*9]。これは、重要な決断は基本的に個人的で、主観的で、気分と感情の問題で、したがって恣意的だと示唆している。もしヒトラーやスターリンのような歴史上の大蛮人たちが、自分のやったことについて気分がよければ、それは道徳的なのだと言っている。

ヘミングウェイの見方は根本的に波乱含みだ。それは要するにこう尋ねている。何世紀にもわたる、難しい決断を行う正しい方法に関する真剣な思索の後で、結局どんな成果があったというのか？　答は、大した成果はない、ということのようだ。どの一つのアプローチも学派も理論も勝っていない。あるのは果てしなく続く、ときには見事な、ときには無様な口論の記録ばかりだ。知的な花火は確かに立派だが、よって立てるしっかりした基盤は見つからない――そしてこれは困ったことだ。権力の座にある男女は、最終的な決断を行うときに従うべき客観的原理が何もないと示唆される。フランスの実存主義者ジャン＝ポール・サルトルの主張――「神が存在しなければすべては許されている」――は、この見方の有名で困惑させられる変種だ[*10]。

五つめの質問はまた、別の形でも危険だ。それは人々が、自分が何者であるかを本当に知ることができると想定しているが、本当にそんなことができるのだろうか？　古代の著述家の叡智だけでなく内省からも発見できるように、自分が何者かを知るのはとても難しく、ほとんど不可能かもしれない。自己理解は人文主義の中心的な課題だし、真剣な思想家たちは何千年もそれと格闘してきた。古代ギリシャのデルファイ神殿の神託は、訪問者を迎えるときに「己自身を知れ」という命令を与えた。この教えは神殿の入口の石に刻まれ、多種多様な思想家の作品に何度も繰り返し現れる。だがこの助言には通常、警告が伴う。

たとえば『プーア・リチャードの暦』でベンジャミン・フランクリンはこう書く。「きわめて固い／難しい（ハードな）ものがある。鋼鉄、ダイヤ、自分を知ることだ[*11]」。これまで見たとおり、大量の高度な現代の研究は、我々が安定した持続的な自己を持っていないと示唆している――実に多くの状況で、実験室や、現実の生活や歴史上で――状況の力はほとんどの人々の「真の自分」を圧倒してきた。そして、大量の古典文学は、人々がどんな真の自己を持っていようと、それを我々がいかに平然と裏切るかを示している。シェイクスピアは『尺には尺を』で、この問題を嘲笑するような調子でこう描いている。

けれど人間は、傲慢な人間は
つまらぬしばしの権威をかさに着て
自分が最も約束されたものに無知で
その脆い本質が、怒れるサルのように
高き天国の前でとんでもない悪さをしかけ
天使たちを嘆かせる[*12]

五番目の質問に対するこうした課題は、本書の基本的な主題を台無しにするかのようだ。それは、男女がグレー領域問題にマネージャーとして取り組み、人間として解決すべきだ、という主題だ。一つの課題は、人は気がそれたり、あまり知らなかったり、だらしなかったり、怠惰だったり、ひどく自己中心的だったり、ひたすら邪悪だったりするということだ。もう一つの課題は、自分が本当は何者か、本当に大事なのは何かを理解するのはとても難しいということとだ。ひょっとすると、五番目の質問は啓発的な機会、たとえば愛国的なイベントや卒業式の演説などにとっておくべきなのかもしれない。

だが、そういう選択肢はあり得ない。何らかの形で、5つめの質問からは逃れられない。個人や組織が難しい問題に直面するとき、どこかで分析プロセスは終わらねばならない。どこかの時点で、だれかが決断を下さねばならない。そして、事実と枠組みが不明確なら、その決断を行う人物に裁量の余地が生じる。決断はその人物の判断を反映し、そして――多くの重要な思想家たちが教えてくれたように――その判断はその人物が何者か、何に納得するかを反映する。要するに、グレー領域問題の場合、個人的な判断は不可避で決定的であり、人格がそれをどうしても左右する――良かれ悪しかれ。

実用ガイド：鍛えた直感

5つめの質問についての実用ガイドは、驚くべきものだ。それは少なくとも当初は、直感が難しい決断を行うときの、最終的で決定的なステップだというアルフレッド・スローンの見方から外れるように見えるからだ。だがそれは、我々がときに直感というのを、肩に止まって真実を囁いてくれる小さな鳥のようなものだと思うからだ。これは魅力的ながら、ひどく誤解をまねく考え方だ――少なくともグレー領域に直面するマネージャーにとっては。彼らに必要でスローンが推奨したのは、突発的な直感ではなく、鍛えられ試された直感なのだ。

鍛えられた直感は、熟慮の期間を必要とする。これは「何かを頭のなかで揉む」といったお馴染みの表現がはっきり示唆するものだ。これは決断を下す前に「一晩寝かせる」といった助言の裏付けでもある。多くの宗教的伝統が、人生とその真剣な選択の準備として、『聖イグナチウス・ロヨラの霊操』のように、具体的で、しばしば長期にわたる実践を推奨するのも、これが理由だ。[*13] 言い換えると、鍛えられた直感は即席の洞察ではない。それは難しい決断を下さねばならない人物の頭や精神の中で、検討、思索、熟慮を必要とするのだ。

本章の実用ガイドは、グレー領域問題についての決断を下す直前の時期に向けたものだ。時間が限られていると、この時期は短いこともあるが、数日あることも多い。重要なマネジメント上の決断が厳しく時間に迫られていることは少ないし、よい組織やよいマネージャーは、重要な決断のために十分な時間があるように手配するものだ。そしてその理由は、以前と同じく、プロセスに関わるものだ。だが最終的な決断においては、重要なプロセスはあなたの頭と心の中で行われる。そしてありがたいことに、頼れるステップはいくつかある。というのも何世紀にもわたり、それは難しい決断に直面する男女の直感的判断を導いてきたものだからだ。

堂々巡りを抜けだそう

シェイクスピア『マクベス』は、野心、裏切り、道徳的崩壊の暗く波乱に満ちた物語だ。だからこの芝居を見たり戯曲を読んだりするときに、シェイクスピアが重要なガイドを抽出した一節をつい見すごしてしまう――そのガイドは、マクベスが悲劇へと直進する中で従い損ねたものだ。その一節とは「理性の手綱」というものだ。[*14]

直感を試し鍛える最初のステップは、知的、心理的であるのと同じくらい肉体的なものだ。それはタイムアウトを取ることだ。つまり、この問題について他の人々との対話を終え、ドアを閉じ、電子機器をミュートにして、窓から外を見たり壁をにらんだりするということだ。一時的かつ部分的にせよ、身の回りのすべてから一歩退くための、便利で快適な方法を見つけるということだ。

シェイクスピアが強調したように、理性は手綱を引いて止まることを必要とする――想像力、気持ち、信念など、鍛えられた直感の他の要素と同じように。最初の四つの質問とそれが表す人文主義的な視点は、速度を落として状況や問題を慎重に見るための重要な手法だ。そしてシェイクスピアの一節におけるもっと深い示唆は、手綱を引かなかった者はおそらく理由づけをしたり熟慮をしたりしていないということだ。意図せずして、検討されていない直感に圧縮された、感情や衝動や偏見に操られたまま、猪突猛進して重要な洞察を見落とし、危険を招き、被害をもたらしているのかもしれないのだ。

五つの質問はすべて使い、好きなものだけつまみ食いは止そう

難しい決断を下す正しい方法について、真剣な思想家たちの、昔からある永遠にも思える意見不一致を見る方法は二つある。一つは、懐疑的または皮肉な見方だ。それはこうした活動そのものを、円陣になった射殺処刑人たちの知的バージョンだと考える。それぞれの考え方が、他の考え方を否定して弱め、どんな一つのしっかりした方法も台頭せず、結局残されたのは意見の相違と混乱だけ、というものだ。広く尊敬された政治理論家が述べるように、「倫理世界の基盤は、深く明らかに果てしない論争の対象である」[*15]。

別のアプローチは本書が採用するものだ。強力な議論や意思決定に対するその洞察を、本質的に多面的な現実に関する長く啓発的な会話——判断としっかりした決断の本質——として見るのだ。小さなリボン付きの箱に入って出てくる、単一の簡単な洞察などない。この偉大な対話においては、倫理や意思決定についてのどの一つの見方も勝ってはいない——それは人間や共に生きる我々の人生がとにかくあまりに多様で繊細で複雑だからだ。大いなる対話におけるそれぞれの声が、難しい決断に直面する男女への、部分的にせよ価値ある洞察を提供する。だからこそアメリカプラグマティズムの創設者の一人ウィリアム・ジェイムズはこう書いた。「事実はもちろん結構なものだ——いろいろ事実は与えてほしい。原理は結構なものだ——いろいろ原理も与えてほしい」[*16]。

古い格言は、世界をありのままにではなく、自分たちの有り様として見なさいと言う。言い

換えると、思索的で知的な人々は同じ状況を見ても、それがどんな状況でそれをどうすべきかについて意見が分かれる。四つの質問はこの危険性の特効薬だ。それはある程度まで、実際のありのままの世界を見るか、少なくとも他人が見るように見る助けとなる。しっかりした熟慮は、単一の壮大な原理を握りしめて、他の考え方を圧倒するのにそれを使うという誘惑に対抗させてくれる。これは五つの質問を、壮大な最終的真理としてではなく、便利な日常の道具として見るということだ。大工は道具箱を使って働く。すべてをノコギリやネジ回しでやろうとはしない。同じまともなアプローチが、偉大な人文主義的質問についても当てはまる。それはその質問を聖なるものや、神秘的なものとして見たりはせず、それを実装道具として見て、すべて使うということだ。

このアプローチは熟慮と判断を改善してくれる。それは、質問が相互に補い、補正し、矯正し、強化しあうからだ。これを見るためには、知りあいのことを考えてみよう。一部は自然に影響を考えるし、一部は自分の責務を強く感じているし、他の人は自然に、とくに恐ろしいほど実務的だし、一部は言動にコミュニティや組織の重要な価値観を内包しているようだ。人はそれぞれ、考え方に自然な方向性を持ち、これが問題を引き起こしかねない。影響についてしか考えない人は、基本的な人間の責務を踏みにじるかもしれない。実務主義だけなら不道徳かそれよりひどい結果になりかねない。そして集団をまとめる価値観ばかりに専念すると、集団の外の人々や彼らへの強い責務が見えにくくなる。

五つめの質問――自分で納得できるのは何か?――は、それを最後の質問ではなく唯一の質問として使うなら危険だ。なぜかといえば、最初の四つの質問はある領土を警備する国境警備隊のような働きをするからだ。この領土の中で、マネージャーたちは自分がしっかりした決断を下せると確信できる――自分の信念、判断、ある状況で組織にとって何が正しいかという感覚に基づいて決断するのだ。だが国境警備隊はこの自由を制約する。その決断実施は、他人に大きな苦労を強いてはいけないし、基本的な責務に違反してはならず、組織を定義づける価値観を無視してもいけない。だからこそ最終的な施策における二つめのガイドは、五つの質問すべてを使い、自分のお気に入りだけに頼ってはいけないと述べる。

苦闘を覚悟しよう

五つめの質問の表現に注目しよう。それは何が最善かとか、何が正しいかとかは尋ねない。もっと慎ましく現実的な基準を示唆する。決断に納得して受けいれられるか、ということだ。言い換えると、五つめの質問はマネージャーが苦闘しなければならない質問がしばしばこういうものだということを認識している。どんな選択肢なら、自分はいちばん不快感がないだろうか? どんな選択肢を選べば、いちばん後悔が少なくてすむだろうか?

こうした質問は、グレー領域の基本的な性質を反映している。不快感と後悔はつきものだ。グレー領域問題には簡単な答はない。難しい選択と困難なトレードオフがつきまとう。そして、マネージャーが手を尽くして正しい選択をしても、しばしば自分が正しい決断をしたのか、自分の努力が求めるものを実現したのかについての、困った不確実性を抱え続けなくてはならない。グレー領域では、苦闘は通常は真剣な思索と努力のしるしだ。

たとえば、アリーシャ・ウィルソンはキャシー・トンプソンをどうしようか考える中で「かなり寝不足になった」という。ウィルソンの主な懸念は、トンプソンの業務上の問題の原因は、失職後にも必要な支援を得られなくしてしまうのではないかというものだった。最終的に、ウィルソンはトンプソンと何度か面談した。ウィルソンは、助手のプライバシー尊重と、単純に彼女をクビにした場合に起こりかねないひどい結果との間で、かなり微妙な一線を歩いていたからだ。ウィルソンはトンプソンを助けたいとは思ったが、上司として従業員の私生活に介入する権利はないと思っていた。

最終的に、嫌々ながらも、ウィルソンはトンプソンに対し、たぶんあなたは失職することになるし、その前に長期的な障害保険を得られるようにしたほうがよいと告げた。トンプソンはやがてこの助言に従い、後にウィルソンは、ややこしい申請手続きを助けるための弁護士も見つけてあげた。トンプソンがそれを自分でこなせるとは思わなかったからだ。だがこれだけ努力しても、ウィルソンは自分が正しいことをしたのか、最後まで確信できなかった。あまりに強引すぎたかも。あまりに不十分だったかも。ウィルソンが確実に知っているのは、トンプソンについての悪い報せが噂で伝わってきたりはしていない、ということだけだ。

この一件からは、思索と期待についての二つの教訓が出てくる。一つは、グレー領域に関する思索はしばしば不安、ためらい、迷い、不眠をもたらすということだ。こうした反応はどれも、失敗を示すものではない。おそらくそれはほぼ間違いなく、その人物が問題を本当に理解し、かかっているものを理解し、問題解決の課題を理解したということを示す。言い換えると、グレー領域をすいすいと切り抜けるというのは、その人がきちんと注意を払っていないか、何が起きているか本当に理解していないことを示すのだ。

もう一つの教訓は、グレー領域問題だと、苦闘しても期待できるのはせいぜいが、プロセスをきちんとする程度だったりするということだ。アリーシャ・ウィルソンの唯一の確固たる慰めは、自分がキャシー・トンプソンの問題を理解するための長く正直なプロセスを実施し、それを自分で納得できる形で解決したということだ。他の人々とともに、自分の選択肢のあらゆる影響を検討し、問題になる権利や責務を考え、自分のできることの実務的な限界も検討し、組織の規範も考えた。ウィルソンはプロセスを正しくするために頑張り、それにより決断を正しいものにしたいと思ったのだ。

グレー領域でマネージャーがまともに期待できるのは、アメリカ建国の父たち数名に影響してひらめきを与えた、一八世紀の劇『カトー』に描かれていることだ。ある時点で、主役であるローマの清廉潔白なカトーは支持者の一人にこう告げる。「勝利を左右すべきはこの世の人間の任に非ず、だが我々はもっとやるぞ、セムプロニウスよ。我々はそれだけのものに値するのだから」[17]。

試しに決断をしてみよう

どこかの時点で、思索も終わり、マネージャーは最終的な決断をしなければならない。これこそ、スローンの「直感」が決定的な役割を果たすところだろう。マネージャーは、一部の懸念事項が他よりも重要だと判断し、自分の納得する決断を下す。だがこれは頭の痛い問題を引き起こす。人は実質的に二つの自己を持つ。一つは現在の自己であり、決断を下す存在だ。もう一つは未来の自己で、その決断を抱えて生きねばならない。そして人間は、未来の自己が現在の自己の決断に対してどう反応するかをうまく判断できないという強い証拠がある。[18]だったら、まともな水準の自信を持って、ある決断に自分が将来的にも納得できるなどと、どうすればわかるのだろうか？

一つのやり方を示唆したのが、古代の指導者として最も広く尊敬されている一人、ローマ皇帝にして将軍マルクス・アウレリウスだ。マルクスは今日、戦場での勝利と賢明な治世、そして何よりもその日記で知られている。夜遅く、彼はロウソクをともしてすわり、洞察と思索を書き記し、それが『自省録』と呼ばれるようになった。読者はしばしば冒頭部を飛ばす。それはマルクスが感謝を述べる人々の一覧でしかないようだからだ――今日の本での謝辞部分と同じだ。彼がやるのは、自分の生活に影響を与えた男女すべてを手短に挙げることだ。マルクスは明示的に、それぞれからどんな美徳や技能を学んだか述べ、その人々を、自分が説明責任を負う目に見えない陪審員として考えているようだ。

マルクスのひそみに倣うには、焦点を変えてちょっと想像力を働かせるだけでよい。たとえば、本当に尊敬し、判断を本当に重視している人物に対し、自分のグレー領域問題をどう説明するか考えよう。この決断を、自分が高く評価したりお手本にしたりしているマネージャーや指導者にどう説明するだろうか？　彼らはどう反応するだろうか。自分の説明に自分で納得できるだろうか。伴侶、パートナー、子供、あるいは信心深い人なら、神父やラビ、イマーム、牧師など主教的な導師に、その問題や自分の対処方法をどう説明するだろうか？

二〇〇〇年近く前のマルクス・アウレリウスによる示唆が、時代の試練に耐えてきたのは、それが行動の厳しく複雑ながら現実的な基準を設定するからだ。厳しいというのは、具体的な個人を参照することで、個人の説明責任を赤裸々なものにするからだ。複雑というのは、それが内面的な基準でもあり外面的な基準でもあるからだ。マルクスは外部の人々を挙げているが、それは自分が選んで気にかけている外部の人々なので、自分なりの、最高の自己の感覚を反映している。最後に、その基準が現実的だというのは、それが生物学的にインストールされた、しばしば無意識で本能的な、合理化と自己欺瞞の才能を抑える方法だからだ。この実践の狙いは自分の言葉、自分の思考、自分の価値観、自分の判断を外部から見つつ、自分にとって深い重要性を持つ基準――自分が本当に尊敬する人々の判断――に照らすことだ。

五つめの質問の実用ガイドは、グレー領域問題を解決するしっかりした方法の一つを見つけるための手段であり、唯一無二の正しい道を見つける手段ではない。マネージャーごとに、グレー領域問題の解決方法はちがう。同じ状況におかれても、影響や責務、実務、価値観をちがった形で重み付けして、複雑な問題解決にちがうアプローチを採るだろう。これは、一部のマネージャーが他よりも賢かったり優れていたりするからではない。それは、あらゆるマネージャーが世界の仕組みと本当に重要なことについて、独自の感覚を持っているからだ。五つめの人文的質問は、本当に難しい決断において、この個人的視点を覚醒させる手段なのだ。

最終的には、難しいグレー領域問題についての決断に自分で納得できるかという感覚は、自分が明白な正解を見つけたという確信からくるものではないかもしれない。一部のグレー領域問題では、確信を持ってわかるのは、プロセスをきちんとするために頑張ったということだけだったりする。これはつまり、責任ある真面目なマネージャーとして問題に取り組み、他人とともに重要な事実をつきとめ、重要な不確実性についてしっかりした判断を下そうとし、問題を分析する正しい方法について十分考えたということだ。そして、決断を下す前に慎重に熟慮した。アーロン・フォイアースタインは、自分の墓石に何と刻んで欲しいか尋ねられたときに、そういう確信を念頭に置いていたのだった。彼は長いこと考えてからあっさりこう言った。「こいつはやるだけやった[*19]」。

決断をして、説明し、先に進もう

どこかの時点でもちろん、マネージャーはグレー領域問題について決断を下し、その実施に進まねばならない。そしてその決断を他の人々に明瞭かつ説得力ある形で説明しなくてはならない。この最後のステップはある意味で最も重要なものだ。マネジメントはアートだが、美術館で見る美術品の意味でのアートではない。それはパフォーマンスアートであり、最高のマネージャーは観客をつかむ才能を持っている。観客とは、自分の決断が影響を与え、協力してもらわねばならない人々だ。

グレー領域問題についての決断を伝えねばならないとき、五つの質問はとても便利だ。この難しい選択についての長きにわたる深い強力な視点は、実質的に明瞭な信号を送信できる無線周波数なのだ。たとえば、決断について深く考え、影響を受ける万人にとって最高だと考えることをやった、と言える。あるいは、真面目に考えたあげく、現実的で実用的な最高の選択肢を選んだと言える。あるは、自分の決断が自分の見る限り、組織を定義づける価値観を最高に反映するものだったと言える。

この質問のどれ一つとして、このような形で使うときには魔法の杖にはならない。自分で分析をして空白は自分で埋めねばならない。これはつまり、なぜ影響や責務や実務や規範がある特定の方向に向かって導くと考えるのかについて、説明する——事実や判断や分析に頼って——ということだ。しばしば、信頼性を高めるためには、その決断にたどり着くまでに使ったプロセスも説明しなければならない。だがこうした説明はすべて、人文主義的な根本原理の形で述べれば強く増幅されるのだ。

実は、つらい決断の説明に備えるには、それを簡潔明瞭に書き留めることだ。これをやる一つの理由は、書くときには明瞭さが求められることだ。これはマネージャーとして問題にアプローチするときに重要だ。歴史家デヴィッド・マッカローが述べたように「書くことは考えることだ。上手に書くのは明晰に考えることだ。だからこそ、書くのはこれほど難しいのだ[*20]」。別の理由は、書くのは個人的な約束の一形態だということだ――これは人間として決断を下すときに重要だ。これは一九世紀作家ギイ・ド・モーパッサンの印象的な主張の背後にある洞察だ。その主張は、「白い紙の上の黒い言葉は魂をあらわにする」というものだ[*21]。

具体的には、自分が直面するグレー領域を見て、大いなる人文主義質問のそれぞれに答えようとしてほしい。手短で明瞭に書くようにしよう。言い換えると、要点だけにとどめよう。あなたの見る限り、考えられる影響として最も重要なのはどれか？　どの責務が中心的だと信じるか？　どの実務的な懸念が本当に気になるだろうか？　自分やその組織が尊重すべきだと信じるのは、どのコミュニティ規範だろうか？

グレー領域問題について最終的な決断を下し、その決断をできるだけうまく伝えたら、何が起こるだろうか？　答の一部は言うまでもない。その決断の実施を頑張らねばならない。またその決断が「最終的」ではなかったことがわかるかもしれない。グレー領域は未知の領域だから、抵抗や予想外のできごと、失望、意外な機会が出てきても驚いてはいけない。また「最終的」な決断が、実際に実施してみると、調整や大きな変更を必要とすることもわかるかもしれない。そして最善を尽くしても、自分の決断を明瞭に伝えるために頑張り続けねばならないことがわかるかもしれない。組織内のまわりの雑音の中ではっきりした信号を送るのは、しばしばとても難しいのだ。

あるグレー領域問題を解決したら、最も重要なことは、次のグレー領域問題に取り組む用意をすることだ――そしてそのさらに次の問題も。というのもグレー領域問題はマネジメント業務の中心だからだ。ジム・マレンはタイサブリの一件を振り返ったときこう言った。「白か黒かはっきりしている話はすべて、CEOに上げられる前に解決している。もし白黒はっきりした話が私のオフィスにやってくるようなら、組織のどこかがおかしいのだ。私のオフィスにやってくるのはすべてがグレーな代物だ[*22]」。

マレンが言っているのは、いったんマネージャーになったら、面倒くさい、影響の大きな問題こそが仕事の中心部分になるということだ。そして、仕事を終えて家に帰っても、グレー領域の課題からは逃れられない。仕事でも、人生の他の部分でも、本当の責任を負う人々は、グレーをすべて解消する方法などないのを知る。だからこそ、五つの問題はこんなに重要なのだ。それは難しい決断に直面したときの有意義な道具箱だが、別のもっと深い形でも重要だ。五つの質問をあわせると、真剣な責任を負った男女に、基本的な哲学や世界観を提供するのだ。

倫理的に敏感な実用主義

本書は五つの重要な人文主義的視点に基づき、作業哲学とでも呼べるものを素描した。この哲学は抽象概念や拘束的な原理で構成されるものではない。それは態度、指向、心の習慣、暗黙の世界観だ。それはグレー領域問題をつかみ、慎重に分析し、その全面的な人間としての複雑性と格闘し、そして――そしてそれらをすべて終えてから――最終的な決断を下すための、特徴的な手法だ。この世界観は、要するに、成功した責任ある指導者は倫理的に敏感な実務主義者だと述べる。このマネジメント観は二つの単純な主張でまとめられる。

まず、難しい問題に直面するマネージャーたちは、各種の根本的な人間的配慮に敏感でなければならない――他人への影響、基本的な責務、物事を実現するときの厳しい現実、構築的なコミュニティの価値観、そして個人的に自分に何が本当に重要かについて。こうした根本的な懸念は、いちばん深い意味での倫理だ。我々はしばしば、倫理とはべからず集のことだと思っているが、五つの質問はもっと深い配慮を求める。それは人生、コミュニティ、決断で本当に重要なのは何かを尋ねる、深遠な方法なのだ。

本書で述べた作業哲学は、どの質問をも神格化したり、どれかが他を圧倒すると主張したりはしない。またそれも最終的な答を提供しないからといって、そうした視点を排除したりもしない。倫理的に敏感な実務家は、五つの質問の根底にある思想を、人間の複雑性に対する有意義な窓として見る。だからこそ、このアプローチに従う指導者たちは、人間の根本的な人間的配慮に対し、敏感になり対応するよう頑張るのだ。イギリスの探検家、言語学者など多才なリチャード・フランシス・バートンは、詩的な才能を持つ実務的な人物だった。彼の以下の一節は、倫理的に敏感な実用主義の最初の側面を捕らえている。「あらゆる信仰は偽であり、あらゆる信仰は真だ。真実とは無数の断片へと散乱した砕けた鏡だ。そしてそれぞれが、自分の小さなかけらこそ全体をあらわすと思っている[*23]」。

倫理的敏感さは、人間の知性、想像力、経験が複雑で不確実な決断を正しい形で下す方法を理解しようとしてきたさまざまな方法を受け入れ、尊重する。作業哲学として、倫理的に敏感な実用主義は、グレー領域問題の持つ各種の避けがたい深い複雑性――技術的、人間的、社会的、道徳的――と取り組むということだ。だからこそ、敏感さ、認識、柔軟性、反応性がこの世界観にはとても重要だ。

倫理的に敏感な実用主義をあらわす二つ目の基本的主張は、マネージャーとしてあなたにはやるべき仕事があると述べる。現実的で実用的な形でグレー領域問題を解決しなければならない。これはプロセスをきちんとするということだ――マネージャーとして問題に取り組むときも、最終的に人間としてそれを解決するときも。だがプロセスはどこかで終わらなければならない。どこかで、他の人々に単純明快にこう言わねばならない。「これが私の決断で、その決断の理由はこうで、だから我々はこれからこうするのだ」。これをうまくやるのは、五つの質問に内包される昔ながらの実用ガイドに従うということだ。広く深く見て、道徳的想像力を隔世させてそれに他より、計画と自分自身を意外性や政治に対する耐久性があるか試し、自分の組織に意味を与える物語を本当に理解するのだ。

もちろん、一般的な見方だと、実務的に仕事をこなせというアプローチは、深刻な人間的懸念への感性を潰してしまうと言う。そしてこれはしばしば正しい。実用主義は単に、目隠しをして倫理的なお題目をうっちゃるということだったりする。だが倫理的に敏感な実務家は、この課題にちがった取り組みをする。彼らは、グレー領域問題を脱出する方法の中で、組織や自分のチームや自分のためになり、同時に真剣な人間的懸念に敏感な道筋を見つけようと頑張り、ときに格闘する。

倫理的に敏感な実務家は、倫理的、実務的な複雑性を受け入れる。またこの複雑性を抱擁する——それで決断が楽になるからではなく、それが自分を改善してくれるからだ。彼らは、決断をその全面的で現実的な人間的文脈に置くことで、自分が難しい決断に直面するときに、何が課題になるかを本当に理解する可能性を高め、そしてよい決断を下すための正しい基盤ができると信じているのだ。

これが前世紀で最も広範な経験を持ち、成功した重役の一人であるデヴィッド・リリエンタールが自分のキャリアから導き出した、最も重要な教訓だった。一九三〇年代にリリエンタールは、広大で複数の州にわたるダムと電力インフラを構築したテネシー川流域開発公社（TVA）の設計を助け、その後その長官となった。一九四〇年代に彼は、アメリカ原子力委員会の創設を助けて、その長官となった。これはこの新技術が人間生活を一変させると約束すると同時に、人類を滅ぼす危険も持っていたときだ。それから一九五〇年代にリリエンタールは、エンジニアリングのコンサルティング会社を創設した。

何十年にもわたり、リリエンタールは仕事と人生を振り返る詳細な日記をつけていた。キャリアの末期にリリエンタールはその広い経験を振り返り、マネージャーの仕事に関する自分の見方をこうまとめた。「マネージャーの仕事は、あらゆる人間活動の中で最も広く、最も厳しく、どう考えても最も包括的で、かつ細やかなものだ[*24]」。

リリエンタールにとって、マネジメントは生き様であり、ただの仕事やキャリアではなかった。そして成功するマネジメントとは、彼によれば「人文主義的なアート」だった[*25]。だからこそ、責任あるマネージャーは難しく複雑な課題に直面したとき、その決断が影響、基本的責務、実務的現実、定義づけるコミュニティ価値観という深い支柱の上に乗ったものであり、そして人生で本当に重要なのは何かという、外せない個人的な感覚に基づいたものになるように、頑張らねばならないのだ。

補遺A

人文主義

人文主義についての文献は大量にあり、定義もさまざまだ。さらに一部の学者はこの用語があまりに多くの意味を持つので「定義不能」だと論じている。[*1] だから本書はこの用語をある特定の形で使い、二つの視点を利用する。一つは人文主義についての深い専門性を持つ学者によるサーベイ文献だ。もう一つは、当然ながらこの著者の視点だ。これは一部は、マキャベリについて、ミシェル・ド・モンテーニュやそのエッセイとそれについての多くの解釈への長年の関心、そして偉大な現代人文主義者で思想史家アイザイア・バーリンの思想や知的視点について、長年読み、教えてきたことで形成されたものだ。

本書は人文主義を次のように解釈する。

1. **ルネサンス運動**　古代ギリシャとローマの教えの復興を重視しつつ、新しい科学的発展も求めた。

2. **似たような思想の緩い体系**　人文主義者は通常、自由、好奇心、オープン性、進歩の可能性、人々が形而上学的、科学的確実性なしによい生活を送れるという信念、人々が過去や現在に生きてきたさまざまな方法に関するコスモポリタンな関心を重視する。古代ローマの戯曲家テレンティウスの有名な発言──「人間に関わることなら何でも自分に無縁であるとは思わない」──は人文主義的な思想の強い底流だ。

3. **学習方法**　人文主義者は歴史、政治、倫理、詩学、修辞学を特権的に扱う。彼らによれば、これは人類が自由を最善の形で使い、生活についての賢い選択をすることを可能にするものだと彼らは信じていた。

4. **思索的生活より活動的生活を嗜好**　一四世紀イタリアの初期段階の人文主義は、人間が世界を形成し、自分の生活の方向を決める能力を大きく信頼していた。その一世紀後、モンテーニュとマキャベリはもっと懐疑的だった。モンテーニュのエッセイは、人類史では空前かもしれないが、人間心理の複雑性、流動性、細やかさ、欺瞞をあらわにした。マキャベリは政治生活について似たような見方を提示した。

5. **宗教と宗教機関についての複雑な見方**　ルネサンスの人文主義者は、カトリック教会、神聖ローマ帝国、封建制度が、人類の受け入れるべき、変えることのできない宇宙的秩序の一部だという中世的な見方を排除した。同時に、ルネサンスの人文主義者たちは──現代の「人文主義」を名乗る一派とはちがい──必ずしも宗教に反対したり、無神論や不可知論を主張したりはせず、むしろ宗教的寛容を支持した。一部のルネサンスの人文主義者たちは、あらゆる宗教は宇宙の霊的性質に関する同じ根本的洞察を表現する各種の方法なのだと信じていた。また一部は、キリスト教が古代哲学の叡智に置き換わったり排除したりはせず、単にそれを十全にしたのだと信じていた。

6. 人間、その生活、その重要な決断を理解するときの、理論より歴史を重視する方法　人文主義者たちにとって、本当に重要なのはあらゆる細部と個別部分を含む文脈の理解だった。つまり事象が発生し、決断を下さねばならなかった実際の時と場所、さらに決断を行い事象を形成した個人の人格や動機が重要だと述べた。

本書の人文主義解釈は以下の文献を活用している。

Baron, Hans. "15th-century Civilization and the Renaissance." *The New Cambridge Modern History*, vol. 1 *The Renaissance*, 1493–1520, pp. 50–75. Cambridge: Cambridge University Press, 1992.

Berlin, Isaiah. "The Originality of Machiavelli." *Against the Current: Essays in the History of Ideas*, edited by Henry Hardy and Roger Hausheer, pp. 25–79. Princeton, NJ: Princeton University Press, 2001.

Cassirer, Ernst, Paul Oskar Kristeller, John Herman Randall Jr., eds. *The Renaissance Philosophy of Man: Petrarca, Valla, Ficino, Pico, Pomponazzi, Vives*. Chicago: University of Chicago Press, 1956.

Davies, Tony. *Humanism*. New York: Routledge, 2008.

Gray, John. *Isaiah Berlin: An Interpretation of His Thoughts*. Princeton, NJ: Princeton University Press, 2013.［邦訳ジョン・グレイ『バーリンの政治哲学入門』（河合秀和訳、岩波書店、二〇〇九）］。

Greenblatt, Stephen. *The Swerve: How the World Became Modern*. New York: W. W. Norton & Company, 2012.［邦訳スティーヴン・グリーンブラット『一四一七年、その一冊がすべてを変えた』（河野純治訳、柏書房、二〇一二）］。

Ignatieff, Michael. *Isaiah Berlin: A Life*. New York: Metropolitan Books, 1998.［邦訳マイケル・イグナティエフ『アイザイア・バーリン』（石塚雅彦・藤田雄二訳、みすず書房、二〇〇四）］。

Kolenda, Konstantin. “Humanism.” *The Cambridge Dictionary of Philosophy*, edited by Robert Audi, pp. 396–397 所収. Cambridge: Cambridge University Press, 1999.

Kraye, Jill, ed. *The Cambridge Companion to Renaissance Humanism*. Cambridge: Cambridge University Press, 1996.

Kristeller, Paul Oskar. "Humanism." *The Cambridge History of Renaissance Philosophy*, edited by Charles B. Schmidt and Quentin Skinner, pp. 113–140 所収。Cambridge: Cambridge University Press, 1988.

Machiavelli, Niccolò. *The Prince*. New York: Penguin Classics, 2003. First published 1532. [邦訳マキャベリ『君主論』(森川辰文訳、光文社古典新訳文庫、二〇一七 他多数)]。

de Montaigne, Michel. *The Complete Essays of Montaigne*. Translated by Donald Frame. Redwood City CA: Stanford University Press, 1958. [邦訳ミシェル・ド・モンテーニュ『エセー』1〜7(宮下志朗訳、白水社、二〇〇五―二〇一六)]。

補遺B

人間の天性、進化、倫理

二〇〇〇年以上前、アリストテレスは人間が共通の天性を持つと主張した――いまや激しい研究と論争の対象となっている思想だ。アリストテレスはもちろん、先駆的な哲学者、倫理家、政治思想家として知られるが、同時に西洋で初の重要な生物学者と動物学者でもあり、その有名な人間の定義は科学的な背景知識をもとにしている。彼が単純明快に述べたのは、人間が政治的または社会的動物だということだ。[*1]

哲学者、社会学者などの思想家の通常のやり方は、人間の天性の政治的、社会的側面に注目することだが、アリストテレスは人間が動物だという点も強調した。言い換えると人は生物であり、他の生物と同じく、いくつか組み込まれた性質や性向を持つ。それはソフトウェアコードとはちがう――人をプログラムして、人が考えて行うことを決めたりはしない。むしろ、ある形で考え、感じ、行動するような傾向を与えたり、促しを与えたりする。かなりの面まで、それは人間の在り方を決める。

こうした考え方は一部の人を不安にさせる。それは人間を単なる動物に還元し、人間の知的、芸術的、社会的、技術的、霊的成果を無視するように思えるからだ。だがそんなことはまったくない。この議論は、進化と遺伝が人の行動すべてや大半を決めるとか、本能や衝動が根本的には動物的だとかいうことではない。偉大なカトリック神学者トマス・アクィナスはこう述べた。「我々は単に自分の身体を持つだけではない」。アクィナスはまたこう書いた。「魂もまた人間の身体の一部だから、魂は人間のすべてではなく我が魂は私ではない」[*2]。

もしアリストテレスの見方が何らかの意味で正しければ、なぜ難しい問題についてのある種の考え方が、実に多くのちがった文化や時代で最高の頭や心を捉え、なぜ難しい決断に関する我々の日常的な考え方もまたそうした視点を反映しているのか、説明するのに役立つかもしれない。その理由は、難しい問題と格闘するあるやり方は、人類が生き残るのに役立った協力的性質を強化し、生存確率を引き下げる他の本能的傾向を克服するのに役だったからだ。

アリストテレスの見方を受け入れるべきか？　西洋の伝統における最重要思想家の一人というその地位は、その発想を真剣に捕らえるべきだということだが、単にアリストテレス――あるいはそれを言うなら、どんな重要な思想家であれ――がたまたま言ったというだけで思想を受け入れたりすべきではない。そしてアリストテレスの思想を超えて見たら、現代進化理論でも共通の人間の天性という考え方には強い裏付けが得られる。

進化理論は、人間という生物や人間以前の先祖たちが、自然淘汰の厳しさを生き延びるときに、どんな能力、性質、性向が役だったかを考える。そうした性質を共有する生物は生き残り、再生産し、人間へと進化する可能性が高かっただろう。今日の進化科学は心理学、生物学、遺伝学、人類学などを活用して、遙かなご先祖たちが生き残り、我々の方向に進化するのを可能にしたかもしれない、社会的観光や考え方や行動様式について、考えられる姿を描き出している。

広範な議論としては、生き残って人間へと進化した初期人類や猿人がそうできたのは、協力する傾向があったからだというものだ。「協力者」の多い集団は生き残りやすかった――基本的な生存問題を解決するために、成員たちがいっしょに働けたからだ――子供を守り、食物を集めて蓄え、肉食獣を追い払い、他の人間集団に対する戦闘に勝ったりできるのだ。共通の人間の天性は――社会的動物として――遙かな先祖たちが共通の人間の課題に応え、克服するのを助ける道徳以前の本能や性向を反映している。

人間が何か生得的な協力本能を持つという見方は、進化の古典的、還元主義的な見方には反する。それは自然淘汰を、要するに、あらゆる生物をあらゆる生物と戦わせる、無慈悲な闘争の果てしないプロセスだとしている。アルフレッド・テニスン卿の有名な一節――「血と爪の赤い自然」――は進化についてのこうした見方をまとめている。

共通の人間の天性があるなら、それは何だろうか？　どんな形を取るのか？　ここでもまた進化理論――そして多くの哲学的、宗教的伝統と、心理学理論も――は同じ大まかな答を示している。基本的な発想は、人間という生物は欠陥を持ち、隔てられ、引き裂かれているというものだ。人は博愛的、愛他的で立派な衝動と、攻撃的で、野蛮で、捕食的な衝動とを行ったり来たりしている。この主題は、進化理論や宗教的伝統だけでなく、偉大な文学、真面目な歴史的研究、日常生活のしっかりした観察、個人的内省にも通底して赤裸々に走る、明るい糸だ。

それが倫理とどう関係するのか？ 過去二〇年で、さまざまな分野の学者や科学者たちは、人間の天性——共通の人間の天性があればだが——と人間進化との関係についての理解に大いに専念してきた。また、もっと鋭くしぼって、いま理解されているような進化と、倫理的規範を発達させるという広範でほとんど普遍的な慣行との関係を見極めようとしてきた。台頭しつつある答は、協力的で、部分的に愛他的な性向——これは倫理理論がさまざまな形で述べるものだ——は狭い利己的で捕食的な本能を抑え、方向付け、人間が生き残り成功裏に再生産できるようにしたというものだ。

進化と人間の天性の関係に関する今の記述は以下の文献を利用している：

Boehm, Christopher. *Moral Origins: The Evolution of Virtue, Altruism, and Shame*. New York NY: Basic Books, 2012.［邦訳クリストファー・ボーム『モラルの起源：道徳、良心、利他行動はどのように進化したのか』（斉藤隆央訳、白揚社、二〇一四）］。

Dawkins, Richard. *The Selfish Gene*. Oxford: Oxford University Press, 1976.［邦訳リチャー

ド・ドーキンス『利己的な遺伝子』増補新装版（日高敏隆他訳、紀伊國屋書店、二〇〇六)]。

Flack, J. C., and Frans B.M. de Waal, "Any Animal Whatever: Darwinian Building Blocks of Morality in Monkeys and Apes." In *Evolutionary Origin of Morality: Cross-Disciplinary Perspectives*, edited by Leonard D. Katz, pp. 1–29, Bowling Green, OH: Imprint Academic, 2002.

Kitcher, Philip. *The Ethical Project*. Cambridge, MA: Harvard University Press, 2011.

Krygier, Martin. *Philip Selznick: Ideals in the World*. Stanford, CA: Stanford University Press, 2012.

Kupperman, Joel. *Theories of Human Nature*. Cambridge, MA: Hackett Publishing Company, 2010.

MacIntyre, Alisdair. *Dependent Rational Animals: Why Human Beings Need the Virtues*. Chicago: Open Court Press, 1999. [邦訳アラスデア・マッキンタイア『依存的な理性的動物：ヒトにはなぜ徳が必要か』（高島和哉訳、法政大学出版局、二〇一八)]。

Stephen Pinker, *The Blank Slate: The Modern Denial of Human Nature*. New York NY: Penguin Books, 2003. [邦訳スティーブン・ピンカー『人間の本性を考える：心は「空白の石版」か』上中下（山下篤子訳、NHK出版、二〇〇四)]。

Stevenson, Leslie, and David L. Haberman, *Ten Theories of Human Nature*, chapter 11. Oxford: Oxford University Press, 2008.

Alfred Lord Tennyson, "In Memoriam A. H. H.," 1850. 天性に関する1節は、人類について述べた56篇にある：

Who trusted God was love indeed
And love Creation's final law
Tho' Nature, red in tooth and claw
With ravine, shriek'd against his creed.

Wilson, E. O. *The Social Conquest of Earth*. New York: Liveright Publishers, 2013.〔邦訳エドワード・O・ウィルソン『人類はどこから来て、どこへ行くのか』（斉藤隆央訳、化学同人、二〇一三）。〕

Wilson, James Q. *The Moral Sense*. New York: Simon & Schuster, 1997.

注

第1章

1. Lawrence J. Henderson, *On the Social System: Selected Writings*, ed. Bernard Barber（Chicago: University of Chicago Press, 1970）, p.67での引用。

第2章

1. 元海兵隊中尉Patrick Abell, 私信 May 21, 2014.
2. Nitin Nohria and Thomas R. Piper, "Malden Mills（A）（Abridged）," Case 9-410-083（Boston: Harvard Business School, 2010）.
3. Rebecca Leung, "The Mensch of Malden Mills," *60 Minutes*, July 3, 2003, http://www.cbsnews.com/news/the-mensch-of-malden-mills/.
4. 詩はサミュエル・テイラー・コールリッジによる。ミルはそのうつ病と回復を述べた自伝第5章でコールリッジを引用している。[John Stuart Mill, *The Autobiography of John Stuart Mill*（1873; Stockbridge, MA: Liberal Arts Press, 1957）, p.134 邦訳ジョン・スチュアート・ミル『ミル自伝』村井章子訳、みすず書房、二〇〇八、p.114]。
5. John Stuart Mill, *Utilitarianism*（1861: New York: Hackett Publishing Company, 2002）, p.14. ミルの伝記作者ニコラス・カパルディは、ミルの主張を次のように解釈している。幸せは「高貴さと人格の全般的な涵養」を必要とし、それは「快楽と苦痛からの自由という比較的慎ましい感覚」と「大きく発達した性質を持つ人々のように人生の高次の意味を描き出す」ことを包含している。Nicholas Capaldi, *John Stuart Mill: A*

Biography (Cambridge: Cambridge University Press, 2004), pp.261–265を参照。

6. この引用はChris Fraser, "Mohism," *The Stanford Encyclopedia of Philosophy*, ed. Edward N. Zalta (Fall 2012 edition), http://plato.stanford.edu/archives/fall2012/entries/mohism/ より。（訳注：ここではこの英訳は参照していない。『墨子』上、新釈漢文大系50巻、明治書院より）。
7. この教義の全面的な説明はCarine Defroot, "Are the Three 'Jian Ai' Chapters about Universal Love?" in *The Mozi as an Evolving Text*, ed. Carine Defoort and Nicollas Standaert (Leiden/Boston: Brill, 2013), pp. 35–68より。
8. David Hume, *An Enquiry Concerning the Principles of Morals*, ed. Tom L. Beauchamp (Oxford: Oxford University Press, 1998) p.74.
9. この問題についての標準的な研究はPhilip E. Tetlock, Expert Political Judgment: How Good Is It? How Can We Know? (Princeton, NJ: Princeton University Press, 2009).
10. Robert K. Merton, "The Unanticipated Consequences of Purposive Social Action," *American Sociological Review* 1, no. 6 (December 1936) pp. 894–904.
11. 直感的な意思決定の課題に関する入門とこの件についての近年の心理学研究としてはMalcolm Gladwell, *Blink* (New York: Back Bay Books/Little, Brown & Co., 2005)［邦訳マルコム・グラッドウェル『第1感「最初の2秒」の「なんとなく」が正しい』（沢田博・阿部尚美訳、光文社、二〇〇六）］を参照。こうした問題についての権威ある研究はDaniel Kahneman, *Thinking, Fast and Slow* (New York: Farrar, Straus and Giroux, 2011)［邦訳ダニエル・カーネマン『ファスト&スロー：あなたの意思はどのように決まるか？』（村井章子訳、ハヤカワ・ノンフィクション文庫、二〇一四）］。他の研究としてはTimothy D. Wilson, *Strangers to Ourselves: Discovering the Adaptive Unconscious* (Cambridge, MA: Belknap Press of Harvard University Press, 2002) 邦訳ティモシー・ウィルソン『自分を知り、自分を変える：適応的無意識の心理学』（村田光二監訳、新曜社、二〇〇五）; Jonathan Haidt, *The Happiness Hypothesis: Finding Modern Truth in Ancient Wisdom* (New York: Basic Books, 2006) 邦訳ジョナサン・ハイト『しあわせ仮説』（藤沢隆史・藤澤玲子訳、新曜社、二〇一一）; Richard H. Thaler and Cass R. Sunstein, *Nudge: Improving De-*

cisions about Health, Wealth, and Happiness, (New Haven, CT: Yale University Press, 2008) 邦訳リチャード・セイラー&キャス・サンスティーン『実践行動経済学：健康、富、幸福への聡明な選択』（遠藤真美訳、早川書房、二〇〇九）; Steven Pinker, *How the Mind Works* (New York: W.W. Norton & Company, 1997) 邦訳スティーブン・ピンカー『心の仕組み：人間関係にどう関わるか』（上中下、椋田直子&山下篤子訳、日本放送出版協会、二〇〇三）; *Steven Pinker, The Blank Slate: The Modern Denial of Human Nature* (New York: Viking, 2002) 邦訳スティーブン・ピンカー『人間の本性を考える：心は「空白の石版」か』（上中下、山下篤子訳、日本放送出版協会、二〇〇四）; Max H. Bazerman and Ann E. Tenbrunsel, *Blind Spots: Why We Fail to Do What's Right and What to Do about It* (Princeton, NJ: Princeton University Press, 2011) 邦訳マックス・H・ベイザーマン&アン・E・テンブランセル『倫理の死角：なぜ人と企業は判断を誤るのか』（池村千秋訳、NTT出版、二〇一三）; Francesca Gino, *Sidetracked: Why Our Decisions Get Derailed, and How We Can Stick to the Plan* (Boston: Harvard Business Review Press, 2013) 邦訳フランチェスカ・ジーノ『失敗は「そこ」からはじまる』（柴田裕之訳、ダイヤモンド社、二〇一五）など。こうした書籍に述べられた研究の実用的な意味合いについては *Harvard Business Review* 二〇一五年五月号にある。

12. Shai Danziger, Jonathan Levav, Liora Avnaim-Pesso, "Extraneous Factors in Judicial Decisions," *Proceedings of the National Academy of Science* 108, no. 17 (2012) : 6889-6892 を参照。

13. この一節は Pinker, *How the Mind Works,* p.58 に登場する。邦訳スティーブン・ピンカー『心の仕組み：人間関係にどう関わるか』上 p.90.（椋田直子&山下篤子訳、日本放送出版協会、二〇〇三訳注：邦訳では「党派入り乱れるやかましい議会」）。

14. Douglas Stanglin, "Oprah: A Heavenly Body?" *U.S. News and World Report,* March 27, 1987. この知見は多くの研究と整合している。たとえば Nicholas Epley and David Dunning, "Feeling 'Holier Than Thou': Are Self-Serving Assessments Produced by Errors in Self- or Social Prediction?" *Journal of Personality and Social Psychology* 79, no. 6 (2000) : pp. 861-875.

15. Constantine Sedikides, Rosie Meek, Mark D. Alicke, and Sarah Taylor, "Behind Bars but Above the Bar:

"Prisoners Consider Themselves More Prosocial than Non-prisoners," *British Journal of Social Psychology*, 2014.

16. このバイアスは心理学研究で何年も前から注目されている。Virginia S. Kwan, Oliver P. John, David A. Kenny, Michael H. Bond, and Richard W. Robins, "Reconceptualizing Individual Differences in Self-Enhancement Bias: An Interpersonal Approach," *Psychological Review* 3, no. 1 (January 2004) pp. 94–110 を参照。

17. ビッケルはこれを、アメリカのベトナム戦争における意思決定批判の一部として書いた。この下りの全文は次のとおり。「ウォーターゲートは最新の攻撃であり、邪悪かつ強力だった唯一のものだが、攻撃的政治の時代における最新の攻撃だった。道徳的攻撃の政治では我々は生き延びられない。我々はバークの計算原理の政治性を回復しなければならない。研鑽されるべき指標はしばしば道徳的なものにはちがいないが、絶対的なものは、あったとしてもごくわずかであり、緊急性のあるものはあったとしてもごく少数だ。最高の道徳性とは、ほぼ常にプロセスの道徳性なのだ」Alexander Bickel, *The Morality of Consent* (New Haven, CT: Yale University Press, 1975) p.123 を参照。

18. 四〇年以上前、有名なリーダーシップ学者レナード・セイルズはここ数十年の、マネジメントよりリーダーシップへのこだわりを予測する論説を書いた。Leonard Sayles, "Whatever Happened to Management?—or Why the Dull Stepchild?," *Business Horizons*, April 1970, p.25 を参照。セイルズの問いかけと警告にもかかわらず、数多くの一連の論説がマネージャーとリーダーを区別し、後者を誉めそやした。この路線での古典的論説は Abraham Zaleznik, "Managers and Leaders: Are They Different?," *Harvard Business Review*, May–June 1977 だ。ザレズニクは、マネージャーとリーダーは仕事も考え方もまったくちがい、それは通常は子供時代や幼年期の経験の大きなちがいによるものだという。その一年後、リーダーシップについての James McGregor Burns の古典的著作は、リーダの仕事が「転換的」であり、マネージャーは「取引的」作業を行うと論じた（*Leadership* [New York: Harper Perennial Classic Books, 2011]）。

19. たとえば Robin S. Doak, *The March on Washington: Uniting Against Racism* (New York: Compass Point Books, 2007) pp.35–63 を参照。

20. 看護師と消防士とこのアプローチによる意思決定の一般的な記述は Gary A. Klein, Judith Orasanu, Roberta Calderwood, *Decision Making in Action: Models and Methods* (Norwood, NJ: Ablex Publishing Co, 1993) より。

21. 多くの分野の学者はこうした「自然主義的」決断がずばりどのように行われるのかを理解し記述しようとしてきたし、一部の哲学者や一部概念好きのマネージャーたちまでこの試みに参加している。こうした問題の概観と独特の視点としては John Shotter and Haridimos Tsoukas, "Performing Phronesis: On the Way to Engaged Judgment," *Management Learning* (August, 2014): pp. 377–396 を参照。

22. Jane Austen, *Pride and Prejudice* (1813: New York: Charles Scribner's Sons, 1918), p.16 邦訳ジェーン・オースティン『高慢と偏見』（上下、小尾芙佐訳、光文社古典新訳文庫、二〇一一）上 p.34（訳注：ただし邦訳は「心にもないお世辞」であり、また文脈的にも、著者がいうような通常の意味での「自制心」ではない）。

23. ベイズは一般に、確率に基づく意思決定理論の発明で知られるが、中にはその起源をルネサンスの多才なジェロラーモ・カルダーノにさかのぼらせようとする人もいる。彼は自分の生計手段だったギャンブルについての本を書き、確率推計の使い方を示して、どのようにインチキをすべきか詳細な示唆を読者にあたえた。

24. これはおそらくベイズ理論の最も基本的な記述であり応用である。意思決定理論の本はそのすべての力と複雑性を示している。これよりもっと進んだアプローチの明断な説明は、Nate Silver, *The Signal and Noise* (New York: Penguin Press, 2012), pp.243-249 邦訳ネイト・シルバー『シグナル&ノイズ：天才データアナリストの「予測学」』（川添節子訳、日経BP社、二〇一三）pp.263-285 にある。不確実性下の意思決定に関するもっと広い入門書は Reid Hastie and Robyn Dawes, *Rational Choice in an Uncertain World* (Los Angeles: Sage Publications, 2010).

25. 最近の実験室研究では、倫理的ジレンマを、何をすべきかではなく何ができるかという形でフレーミングすることでジレンマ解決のもっと幅広い選択肢や創造的で実務的なやり方の生成につながる、またはつながる場合があると示唆されている。Ting Zhang, Francesca Gino, and Joshua D. Margolis, "Does 'Could' Lead

to Good? Toward a Theory of Moral Insight"（working paper, Harvard Business School, June 2014）.
26. Tyler Cowen, *Average Is Over*（New York: Penguin, 2013）pp. 98–110 邦訳タイラー・コーエン『大格差：機械の知能は仕事と所得をどう変えるか』（池村千秋訳、ＮＴＴ出版、二〇一四）pp.113–117.
27. Madeleine Pelner Cosman and Linda C. Jones, *Handbook to Life in the Medieval World*（New York: Infobase Publishing, 2008）p.347.
28. Robin Mejia, "Red Team Versus Blue Team: How to Run an Effective Simulation," *CSO Daily*, March 25, 2008, http://www.csoonline.com/article/2122440/emergency-preparedness/red-team-versus-blue-team--how-to-run-an-effective-simulation.html.
29. Doris Kearns Goodwin, *Team of Rivals: The Political Genius of Abraham Lincoln*（New York: Simon and Schuster, 2012）.
30. スターリンがずばり何を言ったのか、本当にこれに類することを言ったのかは、多少は議論されている。たとえば http://quoteinvestigator.com/2010/05/21/death-statistic/ を参照。

第3章

1. David McCullough, *Truman*（New York: Simon & Schuster, 2003）p. 555.
2. こうした自然な責務は、人間の天性から生じるもののようで、端的に定義して正当化できる：

> 自然の責務は「あらゆる男［と女］に、地位や行った行為にかかわらず適用され（中略）あらゆる人物が他の人物に対して負うもの」（Simmons 1979, 13）だ。なぜ人々が自然の責務を持つかという根本的または基本的正当化が人間の内在的性質、すなわちその責務が負われる相手（道徳的患者）の内在的性質にあると想定するのはあり得ることだ。たとえば、酒場で隣に座っている人に、怪しい人物がドリンクに毒を入れたと告げるべき相手はごく一部に限られる、つまりすぐ隣にすわってドリンクに毒を盛られたとわかっている人物だけのように思えるかもしれない。だがそんな責務を私が持つという根本的または基本的な正当化は、その責務を私が

負っている人物の性質にある（中略）彼女は理性的か意識があり、あるいは［道徳的患者のお好きな特徴をここに入れてほしい］だ――そしてその性質だけで十分に正当な理由となる。

Diane Jeske, "Special Obligations," *Stanford Encyclopedia of Philosophy*, ed. Edward N. Zalta (Spring 2014 edition). http://plato.stanford.edu/archives/spr2014/entries/special-obligations/ を参照。

3. Moritz Kronenberg, *Kant: Sein Leben und Seine Lehre* (Munich: C. H. Bedsche Buchverhandlung, 1904) p.133.

4. 同じ結論に到達する別のやり方は、Larry Siedentop, *Inventing the Individual: The Origins of Western Liberalism*（Cambridge MA: Belknap Press, 2014）に示されている。シーデントップは、リベラリズムは既成宗教への反発として生じたという伝統的な見方に反対し、個人のリベラル概念の起源を初期の宗教思想家にたどる。

5. Catechism of the Catholic Church（Vatican: Liberia Editrice Vaticana, 2000）, article 1, paragraph 6, line 357. この種の議論の最も広い形はステータス理論と呼ばれる。哲学者ウォーレン・クインはこのアプローチを次のようにまとめる。「ある人物はその肉体と精神で構成される。それはその人物の一部または側面だ。まさにその理由のため、その人物がそれに対して何が行われるかについて主要な権限を持つのが適切である――そういう取り決めが全体としての人間の構成を最善に促進するからではなく、そうした権限をその人物に与えないあらゆる取り決めは、深く尊厳を傷つけるものだからだ。彼にその権限を与えることで、道徳は彼の個人としての、独自の目標を持つ存在を認知する――独立した存在だと認める。彼はそういう存在なので、彼はその認知に値するのだ」。Warren Quinn, *Morality and Action*（Cambridge, UK: Cambridge University Press, 1993）p.170 を参照。

　人権の中心性を強調する多くの重要な思想家は無神論者や不可知論者であり、彼らは自分の見方の根拠として他に強いものを持っている。一部の人は、人々に権利があるのは人間が理性ある意識を持った存在だからと論じる。リバータリアンは、我々が基本的に自分の肉体を「所有」しており、したがってそれに対して、またはそれを使って何でも好きなことをする権利があると論じる。別の論者は、個人の権利は人々の政治車化生活の条件を決める基本的な社会契約に起源を持つと考える。

加えて、第2章で論じた影響の論理もまた、権利の強い正当性を提供する。個人が自分の生命や所有物についての基本的な安全保証の感覚を持っていなければ、社会はどうなるだろうか？　考えられる答は一七世紀の政治哲学者トマス・ホッブスによるもので、そうなったらひどい自然状態に暮らすことになり、「万人の万人に対する戦争」に覆われてしまうと述べた。ホッブスは古代ローマ人の用語―"homo homini lupus"―を使い、基本的安全保障のない人生を表現している。人間はお互いをオオカミのように襲うというのだ。これを避けるために人間は社会政治制度を作り出す。こうした制度は権利や義務を決め、それが野蛮性に対する防壁となるのだ。

6. Cicero, *On Duties* (Salt Lake City, Utah: Stonewell Press, 2013) 邦訳キケロー『義務について』(泉井久之助訳、岩波文庫、一九六一)。

7. この引用は Pierre Hadot, The Inner Citadel: The Meditations of Marcus Aurelius, (Cambridge MA: Harvard University Press, 2001) p.211 に登場する。ハドットは、ストイシズムは人間という人物の絶対的価値を強調する西洋思想の究極的な起源だと論じる。

8. この視点は、現代進化理論家に限られたものではない。アダム・スミスはチャールズ・ダーウィンのはるか前に、「人がいかに利己的だと想定されるにしても、明らかにその天性には他人の運命に関心を持ち、彼らの幸せがそれを見る喜び以外の何ももたらさなくても、自分にとって他人の幸せを必要なものとする何らかの原理がある（中略）想像力により我々は相手の立場に自分を置き（中略）我々は、まるでその相手の身体に入り、ある程度はその人物と同じ人物になったかのようになるのだ」と述べた。Adam Smith, *The Theory of Moral Sentiments* (1759; New York: Penguin Classics, 2010) p.2 邦訳アダム・スミス『道徳感情論』(村井章子・北川知子訳、日経BP社、二〇一四) pp.57-58.

9. スタンフォード大学の歴史学者リン・ハントは、人権が一七〇〇年代後半から一八〇〇年代初頭にかけて「自明の真理」になったのはなぜかと問う。これは驚異的な展開だった。奴隷所有、拷問、広範な女性の従属は日常生活の一部として受け入れられてきたからだ。では何が変わったのか？　なぜこうした行為が退潮したのか？　結局、何世紀にもわたり、それらは人間存在の永続的な特徴に見えたというのに？

ハントの答えは、一般メディアとマスメディアの台頭だ。安い小説や新聞で、欧米のますます多くの人々は、抑圧の被害者の体験について——説得力在る肉体的、心理的、感情的細部まで——学べるようになったのだ。拷問されたり奴隷になったり極貧で苦しんだりしたことのない人々ですら、そうした条件を他の人がどう体験したかについての、赤裸々な直接体験を読んだ。この理解が共感を引き起こした。読者は知的というよりは感情的に、こうした行為の何かがひどくまちがっていると直感したのだった。そうした行為が自分たちにとってよくないと考えるところから、だれにとってもよくないと考えるまではわずかな距離だった。

Lynn Hunt, *Inventing Human Rights: A History* (New York: W. W. Norton & Company, Inc., 2007) 邦訳リン・ハント『人権を創造する』(松浦義弘訳、岩波書店、二〇一一)を参照。

10. イギリスの哲学者バーナード・ウィリアムスがこの句を提案し、倫理的決断に対するきわめて合理的なアプローチへの基本的な批判のまとめとした。Bernard Williams, *Moral Luck* (Cambridge, UK: Cambridge University Press, 1982) pp.17–18を参照。

11. Kwame Anthony Appiah, *Cosmopolitanism: Ethics in a World of Strangers* (New York: W. W. Norton & Co., 2010) p.52.

12. タイサブリ問題についてのこの記述は主にJoshua D. Margolis and Thomas J. DeLong, "Antegren: A Beacon of Hope," Case no. 9-408-025 (Boston: Harvard Business School, 2007) に基づいている。

13. Leif Wenar, "Rights," *Stanford Encyclopedia of Philosophy*, ed. Edward N. Zalta (Fall 2011 edition), http://plato.stanford.edu/archives/fall2011/entries/rights/. 並行した問題が各国憲法にも登場する。ほとんどは一部の基本的人権を認めるが、それには開きがあり、ニュージーランド憲法は何も基本的人権を定めず、ボリビア憲法は八八種類の基本的人権を定めている。政治憲法の詳細な比較としてはComparative Constitutionsプロジェクト(http://comparativeconstitutionsproject.org/ccp-rankings/)を参照。

14. John M. Darley and C. Daniel Batson, "From Jerusalem to Jericho: A Study of Situational and Dispositional Variables in Helping Behavior," *Journal of Personality Social Psychology* 27, 1973): pp.100–108.

15. Gerald E. Myers, *William James* (New Haven, CT: Yale University Press, 1986) p.31.

16. これに先立つ二段落での議論——アメリカのマネージャーは株主価値を最大化する法的義務を負わないし負

うべきでもない——に関する詳しい議論としては、たとえばBruce Hay, Robert Stavins, and Richard Vietor (eds.), *Environmental Protection and the Social Responsibility of Firms* (Washington, DC: Resources for the Future, 2005) pp.13-76; およびLynn Stout, *The Shareholder Value Myth: How Putting Shareholders First Harms Investors, Corporations, and the Public* (San Francisco: Berrett-Koehler Publishers, 2012) を参照。

17. 主導的な法学者が二〇一三年にこう書いた：

> 会社企業の創業、成長、組織変化を可能にする、柔軟な法的枠組みは、企業が受け入れられる価値観の広範な選択肢を可能にし、同時に個別のどんな財やサービスが生産され、どのように生産販売されるかの選択肢を可能にする。会社企業の基本的な法的枠組みで、他の可能な価値の中で何よりお金儲けを重視するような具体的な指向を義務づけるものは何もない。むしろ世界のほとんどの部分で存在する分散型の法的枠組みは、営利と非営利の価値志向の混合を持つ、さまざまな種類の企業の発展を許容しているのである。

Eric Orts, *Business Persons: Legal Theory of the Firm* (Oxford: Oxford University Press, 2013) p. 221を参照。

18. この議論の詳細と、ティム・クックのコメントの文脈説明がSteve Denning, "Why Tim Cook Doesn't Care About 'The Bloody ROI,'" Forbes.com, March 7, 2014, http://www.forbes.com/sites/stevedenning/2014/03/07/why-tim-cook-doesnt-care-about-the-bloody-roi/ である。

19. American Law Institute, *Corporate Governance: Analysis and Recommendations* 2.01, Reporter's Note 29, 2.01(b)(2)-(3) およびComment d.

20. ステークホルダー分析についての古典研究はR. Edward Freeman, *Strategic Management: A Stakeholder Approach* (Boston: Pitman, 1984) だ。同書の考え方はその後さまざまな分野、たとえばプロジェクト管理、紛争解決、官民関係、戦略計画での後続研究に大きな影響を与えた。R. Edward Freeman, *Strategic*

Management: A Stakeholder Approach（Cambridge, UK: Cambridge University Press, 2013）を参照。

21. ルノー署長からリックへ、『カサブランカ』脚本 Julius & Philip Epstein（Hal B. Wallis Production, 1942）。

22. Virginia Postrel, *The Future and Its Enemies*（New York: Free Press, 2011）.

23. さらに広く見れば、ステークホルダーの観点は最近の、アメリカ資本主義においていまや過去のものとなった時代を反映しているのかもしれない——企業が長期の株主を持ち、国内競合他社も限られ、政府規制当局も少なく、労働組合の代表する安定した従業員の時代だ。こうした団体は社会の継続的なニーズに応えようとする重要なパートナー、あるいは狭い共通の利害のために協働する「鉄の三角形」なのだという優しい味方ができる。どちらの視点も重要な真実の要素を持っているが、それはいまや終わりつつある時代の反映かもしれない。鉄の三角形の還元の重要な例は Gordon Adams, *The Politics of Defense Contracting: The Iron Triangle*（New York: Council on Economic Priorities, 1981）だ。もっと最近では、学者たちはアメリカの官民関係についてもっと複雑な見方を主張しており、産業が政府規制当局を「捕獲」してしまった状況から、公益に資する有意義で立派な関係までさまざまだ。David Carpenter and David Moss, *Preventing Regulatory Capture: Special Interest Influence and How to Limit It* (Cambridge, UK: Cambridge University Press, 2014）を参照。

24. バークは一八世紀末のフランス革命家たちに言及してこう述べる。「人生の慎みある衣装は荒々しくはぎ取られる。むき出しの震える天性の欠陥を覆い、自分の評価の中で尊厳ある水準にまで引き上げるために必要だと心が求め、理解が正当化した、道徳的想像力の衣装棚からしつらえられた、付加的な思想はすべて、馬鹿げたろくでもない古くさい流行として爆破されることになった」。Edmund Burke, *Reflections on the Revolution in France*（1790; London: Seeley, Jackson, and Halliday, 1872）p.75、邦訳エドマンド・バーク『フランス革命の省察（エドマンド・バーク著作集3）』（半澤孝麿訳、みすず書房、一九七八）p.98. 道徳的想像力の概念は多面的であり、その概念的、歴史的な概観を行ったのが David Bromwich, *Moral Imagination*（Princeton, NJ: Princeton University Press, 2014）pp.3-40 である。

25. Stuart Hampshire, *Innocence and Experience*（Cambridge, MA: Harvard University Press, 1991）p.90.

26. 世界的な「重なりあうコンセンサス」を反映する基本的人権と義務——「中核的価値観」と表現されている

——の類似の分析と、ビジネスマネージャー向けの詳細な実用ガイドが Thomas Donaldson, "Values in Tension: Ethics Away from Home," *Harvard Business Review*, September-October, 1996, https://hbr.org/1996/09/values-in-tension-ethics-away-from-home である。

27. スミスは『道徳感情論』を『国富論』より先に刊行し、晩年にまた『道徳感情論』に戻った。『道徳感情論』こそ彼の誇りに思っていた業績だという考え方をしているのは Gertrude Himmelfarb, *The Roads to Modernity: The British, French, and American Enlightenments* (New York: Vintage, 2005) p.35.

28. Adam Smith, *The Theory of Moral Sentiments* (Cambridge: Cambridge University Press, 2002) p.229 邦訳アダム・スミス『道徳感情論』（村井章子・北川知子訳、日経BP社、二〇一四）pp.312-313.

29. Ibid., p. 157 邦訳 p.313.（訳注：引用部分は注28の部分の続きなので原著ページ番号は明らかにまちがっている）。

30. E. O. Wilson, *The Social Conquest of Earth* (New York: Liveright Publishing Company, 2013) p.62 邦訳E・O・ウィルソン『人類はどこから来て、どこへ行くのか』（斉藤隆央訳、化学同人、二〇一三）p.71.

31. Rabbi Louis Jacobs: The Preeminent Rabbi of First Century Palestine, My Jewish Learning, http://www.myjewishlearning.com/article/hillel/, 7/10/15 にアクセス）。The Jewish Religion: A Companion（Oxford/New York: Oxford University Press, 1995）からの再掲。

32. マタイの福音書には「だから、何事でも人々からしてほしいと望むことは、人々にもそのとおりにせよ。これが律法であり預言者である」（マタイの福音書 7:12）。マルコの福音書にはこうある。「人々にしてほしいと、あなたがたの望むことを、人々にもそのとおりにせよ」（ルカによる福音書 6:31）。

33. 孔子の伝統も似たような原理を支持している。たとえば、人生の行いのルールとなる一言があるかと尋ねられると、孔子は「其恕乎。己所不欲。勿施於人」（それは恕だろうかな。自分にされたくないことを人に対して行わない、というのがそれだ）。（訳注：衛霊公第十五 23）。Antonio Cua, *Dimensions of Moral Creativity* (University Park: Pennsylvania State University Press, 1978) p.56. 他の例を挙げているのは Michael Shermer, *The Science of Good and Evil: Why People Cheat, Gossip, Care, Share, and Follow the Golden Rule* (New York: Times Books, 2005), pp.25-26. 黄金律は、広く「発見」されて広められただけで

なく、広範な倫理理論の基盤としてうまく機能する。たとえば哲学者サイモン・ブラックバーンは、黄金律がイマニュエル・カントの倫理的基本倫理理論の根底の大きな部分を構成していると考えるべき理由を示唆している。Simon Blackburn, *Being Good*（Oxford: Oxford University Press, 2001）pp.116-119 邦訳サイモン・ブラックバーン『ビーイング・グッド：倫理学入門』（坂本知宏・村上毅訳、晃洋書房、二〇〇三）pp.141-150 を参照。

34. Bryn Zeckhauser and Aaron Sandoski, *How the Wise Decide*（New York: Random House, 2008）p.160 邦訳ブリン・ゼックハウザー&アーロン・サンドスキ『賢者たちの決断』（東江一紀訳、徳間書店、二〇一〇）p.66.

35. 最初の2つの質問をこういう形で使うのは、権利を附随制約として見る Robert Nozick の説明の変種だ。Robert Nozick, *Anarchy, State, and Utopia*（New York: Basic Books, 1974）pp.28-30 邦訳ロバート・ノージック『アナーキー・国家・ユートピア：国家の正当性とその限界』（上下、嶋津格訳、木鐸社、上一九八五、下一九八九）上 p.45-52.

第4章

1. Spencer Ante, *Creative Capital: George Doriot and the Birth of Venture Capital*（Boston: Harvard Business School Press, 2008）を参照。
2. 各種ハーバードビジネススクール教授陣と著者の私信。
3. "Planning and Procrastination: An A-Z of Business Quotations, *The Economist*, October 5, 2012, http://www.economist.com/blogs/schumpeter/2012/10/z-business-quotations.
4. Thomas Babington Macaulay, *Critical and Historical Essays*（1843; Chestnut Hill, MA: Adamant Media Corporation, 2001）, p.62.
5. マキャベリ思想についての説明はいろいろある。そして、また、マキャベリのコメントや思想は政治指導者向けのものなので、それをもっと広く適用すべきかという問題もある。基本的な理由は、マックス・ウェーバーが強調したように、政治指導者はしばしば暴力の使用を含む決断を行うということだ。ウェーバーの見方では、それは「政治の倫理的問題すべての特異性を決めるのは、こうした正当な暴力という具体的手段が人間関係に入ってくるということなのだ」。Max Weber, *From Max Weber: Essays in Sociology* (London: Routledge, 2009), p.124 を参照。ここでのアプローチはアイザイア・バーリンの以下の文に大きく依存している。Isaiah Berlin, "The Originality of Machiavelli," *Against the Current: Essays in the History of Ideas*, ed. Henry Hardy (Princeton, NJ: Princeton University Press, 2013) pp. 33–100 所収。

6. Ibid., p. 63.
7. Mark Twain, *The Wit and Wisdom of Mark Twain: A Book of Quotations*, ed. Alex Ayres (Mineola, NY: Dover Publications, 1998), p.12.
8. Cicero, De Officiis, Sir William Gurney Benham, *A Book of Quotations, Proverbs, and Household Words* (Philadelphia: JP Lippincott, 1907) p.60 での引用。
9. これはベンジャミン・フランクリン、エドガー・アラン・ポー、ときには無名のイタリアの寓話師などによるものとされる。The Oxford Dictionary of Phrase and Fable によると「聞いたことは何も信じるな、見たことも半分しか信じるな」というのは一九世紀半ばから見られる。関連した中世英語の格言は、見聞きしたことをすべて信じるなと警告し、一八世紀末の手紙は「言われたことすべてが真実だと思ってはいけない」と述べる。Elizabeth Knowles, *The Oxford Dictionary of Phrase and Fable*, Encyclopedia.com., 2006, http://www.encyclopedia.com/doc/1O214-blvnthngfwhtyhrndnlyhlffw.html
10. Alfred Lord Tennyson, "In Memoriam A. H. H.," 1850, http://www.portablepoetry.com/poems/alfredlord_tennyson/in_memoriam_ahh____. Html. 56篇は人間について述べている。

Who trusted God was love indeed
And love Creation's final law
Tho' Nature, red in tooth and claw
With ravine, shriek'd against his creed.

11. 我々の「立派な」行いの一部すらこの見方を裏付けている。進化と生存の観点からすると、人の意識は何が正しく何がまちがっているかについての、信頼できる内面的な指標ではない。意識は利己性追求の道具でもある。ある学者が述べるように、進化的意識とは「耐えがたいリスクを負うことなしに自分の利益をどこまで追及できるかを告げる、動かぬ小さな声」なのだ（Kyle Summers and Bernard Krespi, *Human Social Evolution: The Foundation Works of Richard D. Alexander* [Oxford: Oxford University Press, 2013] p. 226）。一部の進化学者にとって、宗教自体も基本的には攻撃的なボスザルについて、だれもそれを監視して逸脱行動を処罰できない最悪ケースで対処するという問題の解決策なのだ。この見方によると、古代宗教や、現代の宗教ですら、「目に見えぬ執行人」として機能する――彼らは社会が観察できず、手遅れになるまで処罰できないような反社会行動を観察して処罰するのだ（Philip Kitcher, *The Ethical Project* [Cambridge MA: Harvard University Press, 2011] p.230 参照）。

12. Leslie Stevenson and David Haberman, Ten Theories of Human Nature（Oxford: Oxford University Press, 2008）, page 54.

13. もちろん古代中国哲学者の中には別の見方をする者もいたが、それでも彼らの思想の強い主題は、文明行動を確保するためには国が強い役割を果たさねばならない、というものだった。たとえば荀子によれば、賢君が成功するのは、国の力がなければ人間は暴力的で、無秩序で倒錯した存在になるのを知っているからなのだ。Herbert Plutschow, "Xunzi and the Ancient Chinese Philosophical Debate on Human Nature," *Anthropoetics* 8, no. 1（Spring-Summer 2002）, http://www.anthropoetics.ucla.edu/ap0801/xunzi.htm.

14. Philip Martin McCaulay, *Sun Tzu's the Art of War*（Raleigh, NC: Lulu Press, 2009）p.25.

15. Giambattista Vico, *New Science: Principles of the New Science Concerning the Common Nature of Nations*, trans. David Marsh（1725; New York: Penguin, 2001）, p.78 邦訳ヴィーコ「新しい学」（『世界の名著33 ヴィーコ』大河内一男訳、中央公論社、一九七九）p.117.

16. Stuart Hampshire, *Innocence and Experience*（Cambridge, MA: Harvard University Press, 1991）p. 170.

17. Niccolò Machiavelli, Mandragola（The Mandrake）, trans. Stark Young（1524; New York: Macaulay, 1927）p.22 邦訳マキァヴェッリ「マンドラーゴラ」（脇功訳、『マキァヴェッリ全集』筑摩書房、一九九九）p.19.

18. これは国際関係での標準分析の変種である。ときにリアルポリティークと呼ばれるこの思想はツキジデスが起源であり、マキャベリが発展させ、後にハンス・モーゲンソーらが体系化した。最近ではハーバード大学教授ジョセフ・ナイが「ソフトパワー」という表現を提起し、それとハードパワーとのちがいを説明している。Joseph S. Nye Jr., *Soft Power: The Means to Success in World Politics* (New York: Public Affairs, 2009) 邦訳ジョセフ・ナイ『ソフト・パワー：21世紀国際政治を制する見えざる力』（山岡洋一訳、日本経済新聞社、二〇〇四）を参照。

19. Michel de Montaigne, *The Complete Essays of Michel de Montaigne*, trans. Donald Frame (Stanford, CA: Stanford University Press, 1958) p.393.

20. Hans Emil Klein, *Interactive Teaching and Emerging Technologies* (Needham, MA: World Association for Case Method Research & Application, 1996) p.223.

21. Niccoló Machiavelli, *The Prince, trans.* George Bull (1532; New York: Penguin Classics, 2003), p99 邦訳マキャヴェッリ『君主論』（森川辰文訳、光文社古典新訳文庫、二〇一七）p.209.

22. Robert Weisman, "Biogen Reports Death of Patient on its MS Pill," *Boston Globe*, October 22, 2014, p. B7.

23. Machiavelli, *The Prince*, chapter 18 邦訳マキャヴェッリ『君主論』（森川辰文訳、光文社、古典新訳文庫、二〇一七）18章 pp.150–154.

24. Ibid. p. 100ff 同上、邦訳 p.210ff.

25. たとえば Tim Parks, *Medici Money: Banking, Metaphysics, and Art in Fifteenth-Century Florence* (New York: W. W. Norton & Company, 2005) 邦訳ティム・パークス『メディチ・マネー：ルネサンス芸術を生んだ金融ビジネス』（北代美和子訳、白水社、二〇〇七）を参照。

第5章

1. William H. Whyte Jr., *The Organization Man* (Garden City, NY: Doubleday Anchor Books, 1956) 邦訳W・H・ホワイト『組織のなかの人間：オーガニゼーション・マン』（上下、岡部慶三・藤水保訳、創元社、一九五九）.

2. この主張は、南部アフリカに起源を持ち、最近になってアフリカ大陸に広まっている哲学宗教的視点の終身的な思想を述べている。Michael Jesse Battle, Reconciliation: The Ubuntu Theology of Desmond Tutu (Cleveland: Pilgrim Press, 2009) を参照。

3. これはゴドウィンによるこの状況の説明だ。「大まかで一般的な見方として、私と我が隣人はどちらも人間だ。そして結果として同じだけの関心に値する。だが現実には、片方がもう一人よりも価値があり、重要だということはあるだろう。人は獣より価値がある。というのも、より高い能力を持つので、もっと洗練されたまっとうな幸せを得られるからだ。同じように、華々しきカンブレイの大司教はその御者よりも価値が高く、もし彼の宮殿が炎上し、その片方しか救えないとなれば、どちらを優先すべきか述べるのをためらう人物はほとんどおるまい」William Godwin, *Enquiry Concerning Political Justice* (1793; Oxford: Clarendon Press, 1971) p. 70を参照。

4. 哲学者ジョン・ロールズは構築的人間関係の基本的定義を提示しているが、彼自身はこの用語を明示的には使っていない：

　市民は、彼らの純粋に合理的な財についてこの観点から客観的に評価し、距離をおいたりするようなことはできず、またするべきでもないと損じるような愛着、献身、忠誠を任意の時点で持っているかもしれず、また通常は持っている。自分がある宗教的、哲学的、道徳的信念や、何らかの頑固な愛着や忠誠心から自分を区別して見ることなど、とにかく考えられないと思うかもしれない。こうした愛着や忠誠心は（中略）人の生活を組織し、形を与え［るのを助け］、自分の社会的世界において、その人が行い、達成しようとしていることを形成する。我々は、もしいきなりこうした信念や愛着を失ったら、右も左もわからなくなり、先に進めなくなると考える。それどころか、そもそも先に進む意味がなくなってしまうと思うかもしれない。

John Rawls, *Collected Papers*, ed. Samuel Freeman (Cambridge MA: Harvard University Press, 1999), p 405. この種の考え方に、ゲーム理論の分野で対応するのは、個人が自分の狙いを集団目標の実現という観

点から定義づけるという考え方だ。チームとしての理由づけの概念を詳細に説明したのが、Michael Bacharach, *Beyond Individual Choice: Teams and Choice in Game Theory*, ed. Natalie Gold and Robert Sugden (Princeton, NJ: Princeton University Press, 2006) である。

5. Abraham Lincoln, *Lincoln's Gettysburg Oration and First and Second Inaugural Addresses* (New York: Duffield & Co., 1907) p 35.

6. Philip Selznick, *TVA and the Grass Roots: A Study in the Sociology of Formal Organization* (Berkeley: University of California Press, 1949) p. 181.

7. Blaise Pascal, *Pensées and Other Writings*, ed. Anthony Levi, trans. Honor Levi (Oxford: Oxford University Press, 1995) 158.

8. Leslie Stevenson and David Haberman, *Ten Theories of Human Nature* (Oxford: Oxford University Press, 2008), p. 51, Kindle edition.
「あらゆる存在とあらゆる存在様式は一つ」という古代ヒンズー信仰を反映したような驚くべき現代的議論は Thomas Nagel, *Mind and Cosmos: Why the Materialist Neo-Darwinian Conception of Nature Is Almost Certainly False* (New York: Oxford University Press), 2012 である。

9. 翻訳者たちはこの考えをさまざまな用語で伝えようとしてきたが、その基本的な狙いは人間が――その天性と、もっと具体的には、彼らが言語を通じた複雑なコミュニケーション能力を持つことから――自然に集団生活をしがちだということだ。おかげで彼らは、個人では不可能な活動を行い、それに対応した生活を送れる。個々の人間は自足していないからだ。Fred Miller, "Aristotle's Political Theory," in *The Stanford Encyclopedia of Philosophy*, ed. Edward N. Zalta, (Fall 2012 edition), http://plato.stanford.edu/archives/fall2012/entries/aristotle-politics/ を参照。

10. Martin Luther King Jr., *Letter from the Birmingham Jail* (New York: Harper Collins, 1994) p. 4.

11. 続く数世紀で、このイメージは薄れたものの、あらゆる人類の一体性という中核的な思想は続いた。たとえばカトリックの伝統では、最も重要な社会的回勅「諸民族の進歩（Populorum Progresso）はこう述べる：「個人の十全な発展の向けた進歩は、同時にあらゆる人類が連帯の精神において進歩を見せなければあり得ない。ボンベイで私たちが述べたように『兄弟姉妹として、神の子として、人は人と会い、民族は民族と会わねばならない。この共通の理解と友情において、この聖なるコミュニオンにおいて、私たちはまた人類の共通の未来を構築するよう協働を開始しなければならない』」Pope Paul VI, *Populorum Progresso*, http://www.newadvent.org/library/docs_pa06pp.htm.

12. Albert Einstein, “Religion and Science,” *The New York Times Magazine*, November 9, 1930, p. 1.

13. フランス・ドゥ＝ヴァールはオランダの霊長類学者だ。著書 Franz de Waal, *Age of Empathy: Nature's Lessons for a Kinder Society* (New York: Harmony Books, 2009) 邦訳フランス・ドゥ＝ヴァール『共感の時代へ：動物行動学が教えてくれること』(柴田裕之訳、紀伊國屋書店、二〇一〇)で、彼は何十年もの研究をまとめて、共感は本能的な行動だと結論づける。そしてヒュームや孔子と同じく、他人の感情と自分を同一視できる能力はほとんどの倫理的行動の核心を形成するかもしれないと論じる。生物学派、考えられる原因や影響を証明はしないが、示唆はできる。人が社会的生物として進化した限りにおいて、ある種の考え方は「自然に」やってくるかもしれない。これは、難しい決断について考えるとき、人は個人として何を考えやるべきかを超えた見方をすべきだと示唆する。

14. Michael Newton, *Savage Boys and Wild Girls: A History of Feral Children* (London: Faber and Faber, 2002).

15. Philip Selznick, *The Moral Commonwealth* (Berkeley: University of California Press, 1992) p. 123.

16. Yahoo! Inc., “Yahoo Our Beliefs as a Global Internet Company,” press release, February 2006, http://yahoo.client.shareholder.com/press/releasedetail.cfm?ReleaseID=187401.

17. 歴史家などはこうした価値観がどれほど広く共有されていたかについて論争を続けている。一部は多くのドイツ人——他の国の人々やその政府とともに——はナチスの脅威を理解しなかったか、さまざまな理由でそれを真面目に受け止めなかったか、脅されてナチスの目標を受け入れさせられたのだと論じる。たとえば Erik Larson, *In the Garden of Beasts: Love, Terror, and an American Family in Berlin* (New York: Broadway Books, 2012) を参照。また人によっては、ナチスの支配は昔ながらの広範に共有された国民的価値観の反映だと論じる。たとえば Daniel Jonah Goldhagen, *Hitler's Willing Executioners: Ordinary Ger-*

mans and the Holocaust (New York: Vintage, 2007) を参照。

18. この発言の翻訳はヘンリー・ヘイズリットであり、John Owen, *The Skeptics of the French Renaissance* (New York: MacMillan & Co., 1898) p. 466 に登場する。

19. 進化、神経学、社会的面からの部族本能についての詳細な記述が Joshua Greene, *Moral Tribes: Emotion, Reason, and the Gap Between Us and Them* (New York: Penguin Press, 2013) 邦訳ジョシュア・D・グリーン『モラル・トライブズ：共存の道徳哲学へ』(上下、竹田円訳、岩波書店、二〇一五) である。

20. これはニーチェのアフォリズム集の題名だ。その全タイトルは *Menschliches, Allzumenschliches: Ein Buch fu¨r freie Geister* (人間的、あまりに人間的：自由な精神のための書) (1878) である。

21. Chester I. Barnard, *The Functions of the Executive* (Cambridge, MA: Harvard University Press, 1971), p. 239. 邦訳チェスター・I・バーナード『経営者の役割』(山本安次郎他訳、ダイヤモンド社、一九六八)。

22. 現代心理学と神経科学に基づく、ホームズの思考法についての詳しい分析は Maria Konnikova, *Mastermind: How to Think Like Sherlock Holmes* (New York: Penguin, 2013) である。

23. デザイン思考への優れた導入は、Tim Brown, *Change by Design* (New York: Harper Collins Publishers, 2009) 邦訳ティム・ブラウン『デザイン思考が世界を変える：イノベーションを導く新しい考え方』(千葉敏生訳、ハヤカワ・ノンフィクション文庫、二〇一四) である。

24. 著者の個人的な観察。

25. Abraham Edel, *Aristotle and His Philosophy* (Piscataway, NJ: Transaction Publishers, 1995) pp.9–11.

26. 叙述視点と現実の「社会的構築」に関する広範な文献レビューは Jerome Bruner, "The Narrative Construction of Reality," *Critical Inquiry* 18, no. 1 (Autumn 1991): pp.1–21 である。

27. Adrienne Rich, "Love Poem II," *Selected Poems* (New York: W. W. Norton & Co., 2013) p.54 所収。

28. Oliver Wendell Holmes Jr., *The Common Law* (1881; Mineola NY: Dover Publications, 1991) p.1.

29. *The Holmes–Pollock Letters: The Correspondence of Mr. Justice Holmes and Sir Frederick Pollock, 1874–1932*, 2nd ed. ed. Mark De Wolfe Howe (Cambridge, MA. Belknap Press of Harvard University Press, 1961) p.109 を参照。

第6章

1. マネジメント上の判断に関する哲学的およびマネジメント文献の最近の包括的なレビューとしてはJohn Shotter and Haridimos Tsoukas, "In Search of Phronesis: Leadership and the Art of Judgment," *Academy of Management Learning & Education* 13, no. 2 (June 2014): pp.224-243.
2. Gautama Buddha, "Sermon at Benares," in *Speeches in World History*, ed. Suzanne McIntire (New York: Facts on File, 2009) p. 13.
3. Confucius, *Confucius: Confucian Analects, The Great Learning and the Doctrine of the Mean*, trans. James Legge (New York: Dover Publications, Inc., 1971), p.395. 儒教伝統における個別状況についての判断の不可避性に関する詳しい議論がAntonio Cua, *Dimensions of Moral Creativity* (University Park, PA: Pennsylvania State University Press, 1978).
4. Moses Maimonides, "Mishneh Torah: Laws of Ethical Conduct," in Hal M. Lewis, *From Sanctuary to Boardroom: A Jewish Approach to Leadership* (Lanham, MD: Rowman & Littlefield Publishers, Inc., 2006) p.134.
5. バランスの宗教敵原理はしばしば現代的なイスラム解説と比較宗教研究に登場する。上の引用はムハンマドのものとされる発言："خير الأمور الوسط," の翻訳。Wikipedia, http://en.wikipedia.org/wiki/Golden_mean_(philosophy) 09/25/2014 参照)。
6. Alexander Nehamas, *Nietzsche: Life as Literature* (Cambridge MA: Harvard University Press, 1987) p. 158.
7. 二〇世紀マネジメントへのスローンの影響はAlfred Chandler, *Strategy and Structure: Chapters in the History of American Industrial Enterprise* (Washington DC: The Beard Group, 1962) に詳述されている。
8. Alfred P. Sloan, *My Years with General Motors* (New York: Crown Business, 1990) p.xxii. 邦訳アルフレッド・スローン『GMとともに』(有賀裕子訳、ダイヤモンド社、二〇〇三) p.xxiv.
9. ヘミングウェイは闘牛について書いており、その全文は以下のとおり。「ところで、道徳のことだが、現在のところぼくには、やったあとで気持がいいのが道徳的で、後の気持が悪いのが不道徳なことだ、としか思えない。こうした基準を弁護はしないが、この基準によって判ずるところ、闘牛はぼくには、きわめて道徳的なものである。闘牛のさいちゅうも大へん気分がよく、生と死と人間の寿命と不滅性を感得させてくれるし、終わったあとでも、強い悲哀感はのこるが、気分がいい」。Ernest Hemingway, *Death in the Afternoon* (1932; New York: Scribner, 1960) p.13. 邦訳アーネスト・ヘミングウェイ「午後の死」『ヘミングウェイ全集第五巻』所収（佐伯彰一・宮本陽吉共訳、三笠書房、一九七四）p.171.

10. このサルトルの発言は、フョードル・ドストエフスキー『カラマーゾフの兄弟』で、ドミトリー・カラマーゾフが兄アリョーシャに投げたコメントのパラフレーズ。Jean Paul Sartre, *Existentialism Is a Humanism* (1946; New Haven: Yale University Press, 2007) p.28 邦訳ジャン＝ポール・サルトル『実存主義とは何か：実存主義はヒューマニズムである』サルトル全集13巻（伊吹武彦訳、人文書院、一九八一（改訂版））pp.28–29を参照。サルトルの発言はさまざまに解釈され、一部は無害で、単に人間は自由だ、あるいはサルトルがしばしば言うように「自由となるよう運命づけられている」ので、重要な選択は自分でやって、それを制度や権威に任せてはいけないという意味とされる。『存在と無』でサルトルは、「我が自由は価値観の独特の源泉であり、あれやこれやの個別価値観を採用したり、これやあれやの個別価値一覧を採用したりするのを正当化するようなものは、何も、まったく何一つない」と述べている。Jean Paul Sartre, *Being and Nothingness*, trans. Hazel Barnes (1943; New York: Washington Square Press, 1966), p.76. 邦訳ジャン＝ポール・サルトル『存在と無：現象学的存在論の試み』（1〜3巻、松浪信三郎訳、ちくま学芸文庫、二〇〇七）p.152. 上。

11. Barbara McKinnon, ed., *American Philosophy: A Historical Anthology* (Albany, NY: State University of New York Press, 1985), p.46.

12. William Shakespeare, *Measure For Measure* (The Riverside Shakespeare, ed. G. Blakemore Evans [Boston: Houghton Mifflin Company, 1974]), act 2, scene 2, lines 114-123. 邦訳ウィリアム・シェイクスピア『尺には尺を』シェイクスピア全集28（松岡和子訳、ちくま文庫、二〇一六）第二幕第二場、p.66.

13. Ignatius of Loyola, *The Spiritual Exercises and Selected Works*, ed. George E. Ganss, S.J. (Mahwah, NJ: Paulist Press, 1991).

14. William Shakespeare, *Macbeth* (The Riverside Shakespeare, ed. G. Blakemore Evans [Boston: Houghton Mifflin Company, 1974]), act 2, scene 3, line 111. 邦訳ウィリアム・シェイクスピア『マクベス』シェイクスピア全集3（松岡和子訳、ちくま文庫、一九九六）第二幕三場 p.67.
15. Michael Walzer, Just and Unjust Wars: A Moral Argument with Historical Illustrations (New York: Basic Books, 2010) p.6 邦訳マイケル・ウォルツァー『正しい戦争と不正な戦争』（萩原能久訳、風行社、二〇〇八）p.35.
16. William James, *Pragmatism* (1907; Buffalo, NY: Prometheus Books, 1991) p.10. ウィリアム・ジェイムズ『プラグマティズム』W・ジェイムズ著作集5（桝田啓三郎訳、日本教文社、一九六〇）p.12.
17. Joseph Addison, *Cato: A Tragedy in Five Acts* (1713; Seattle: Amazon Digital Services) p.18.
18. この主張は Daniel Gilbert, *Stumbling on Happiness* (New York: Vintage, 2006) の大きな主題である。
19. Rebecca Leung, "The Mensch of Malden Mills," *60 Minutes*, July 3, 2003, http://www.cbsnews.com/news/the-mensch-of-malden-mills/. Rebecca Leung, "The Mensch of Malden Mills," *60 Minutes*, op. cit.
20. David McCullough, Bruce Cole とのインタビュー、*Humanities*, July–August 2002.
21. Guy de Maupassant, *Alien Hearts*, trans. Richard Howard (New York: New York Review of Books, 2009) p.104.
22. Jim Mullen, Professor Joshua Margolis への私信, Harvard Business School, 2007.
23. Richard Burton, *To the Gold Coast for Gold* (London: Chatto and Windus, 1883) p. 59. この主張は Kwame Anthony Appiah, Cosmopolitanism: Ethics in a World of Strangers (New York: W. W. Norton & Company, 2007) で引用され、その基本的な主張をまとめたものとなっている。
24. David Lilienthal, *Management: A Humanist Art* (New York: Columbia University Press, 1967) p.18.
25. Ibid.

補遺A

1. Tony Davies, *Humanism* (London, England: Routledge, 1997).

補遺B

1. 一部の翻訳家はこの思想を伝えようとして「政治的」ではなく「社会的」という用語を使う。いずれの場合も、狙いは人間が——その天性と、もっと具体的には、彼らが言語を通じた複雑なコミュニケーション能力を持つことから——自然に集団生活をしがちだということだ。おかげで彼らは、個人では不可能な活動を行い、それに対応した生活を送れる。個々の人間は自足していないからだ。Fred Miller, "Aristotle's Political Theory," in *The Stanford Encyclopedia of Philosophy*, ed. Edward N. Zalta, Fall 2012 edition, http://plato.stanford.edu/archives/fall2012/entries/aristotle-politics/>を参照。

2. Alisdair MacIntyre, *Dependent Rational Animals: Why Human Beings Need the Virtues* (Chicago: Open Court Press, 1999) p.55を参照。邦訳アラスデア・マッキンタイア『依存的な理性的動物：ヒトにはなぜ徳が必要か』（高島和哉訳、法政大学出版局、二〇一八）p.8.

マネージング・イン・ザ・グレー
——ビジネスの難問を解く5つの質問

平成31年1月30日　発　行

訳　者　山　形　浩　生

発行者　池　田　和　博

発行所　丸善出版株式会社
〒101-0051 東京都千代田区神田神保町二丁目17番
編集：電話(03)3512-3264／FAX(03)3512-3272
営業：電話(03)3512-3256／FAX(03)3512-3270
https://www.maruzen-publishing.co.jp

組版印刷・製本／藤原印刷株式会社

ISBN 978-4-621-30360-3　C 0034　Printed in Japan